Un fragor de torres desgajadas

A Roar of Tumbling Towers

MUSEO SALVAJE
Colección de poesía
Homenaje a Olga Orozco

Homage to Olga Orozco
Poetry Collection
WILD MUSEUM

Miguel Falquez-Certain

UN FRAGOR DE TORRES DESGAJADAS

A ROAR OF TUMBLING TOWERS

Nueva York Poetry Press LLC
128 Madison Avenue, Office 2RN
New York, NY 10016, USA
Telephone number: +1(929)354-7778
nuevayork.poetrypress@gmail.com
www.nuevayorkpoetrypress.com

Un fragor de torres desgajadas
A Roar of Tumbling Towers

© 2025 Miguel Falquez-Certain

ISBN-13: 978-1-966772-07-1

© *Poetry Collection*
Wild Museum 71
(Homage to Olga Orozco)

© Publisher & Editor-in-Chief:
Marisa Russo

© Editor:
Francisco Trejo

© Layout Designer:
Moctezuma Rodríguez

© Cover Designer:
William Velásquez Vásquez

©Author's Photo:
by Tania Falquez

© Cover Photo:
Wiki Media Commons
Giovan Battista Moroni's *Il cavaliere in rosa* (1560)

Falquez-Certain, Miguel
Un fragor de torres desgajadas / A Roar of Tumbling Towers, Miguel FalquezCertain. 1ª ed. New York: Nueva York Poetry Press, 2025, 200 pp. 5.25" x 8".

1. Colombian Poetry   2. Latin American Poetry

All rights reserved. No part of this publication may be reproduced, distributed, or transmitted in any form or by any means, including photocopying, recording, or other electronic or mechanical methods, without the prior written permission of the publisher, except in the case of brief quotations embodied in critical reviews and certain other non-commercial uses permitted by copyright law. For permissions contact the publisher at: nuevayork.poetrypress@gmail.com.

A Tania y Joaquín,
"questa disperata passione di essere nel mondo"

To Tania and Joaquín,
"questa disperata passione di essere nel mondo"

*Bóveda verdinegra
masa de húmedo silencio
sobre nuestras cabezas en llamas
mientras hablábamos a gritos
en los tranvías rezagados
atravesando los suburbios
con un fragor de torres desgajadas*

OCTAVIO PAZ,
"El mismo tiempo", *Días hábiles* (1958-1961)

Black-green vault
A mass of moist silence
Over our heads on fire
While we spoke loudly
On the lagging streetcars
Crossing the suburbs
With a roar of tumbling towers

OCTAVIO PAZ,
"The Same Time," *Working Days* (1958-1961)

Castel dell'Ovo

Cuando te enseñaron que la creación
era posible, que aquellas ingeniosas
ficciones de los libros rivalizaban
con las fabulaciones de un dios ausente,
encontraste en la preparación minuciosa
de los hilos el supremo placer del eremita.

Con absoluta destreza imaginaste
las posibilidades múltiples y tendiste
en la urdidera los hilos sueltos,
la meticulosa reconstrucción inversa
de las cronologías. La ansiedad
que acompañaba tu cotidianidad

se disipaba ante la certeza del ritmo
autóctono: esa prepotencia extraordinaria
del todopoderoso eliminaba los errores
y en retrospectiva forjaba el perfecto
desenlace, el nudo de la urdimbre,
el desarrollo a contracorriente

de obstáculos, unidad y fábula,
de peripecias y anagnórisis,
de los móviles y distintos mundos
de los diversos personajes
hasta remontarte al principio:
ese momento exacto del acto

que instiga el conflicto hacia
la mitad de las cosas. Ahora
desenvuelves el pergamino
y limas asperezas, recorriendo
tu propia cadena enajenado,
esa sutil y frágil concatenación

de los acontecimientos. La agonía
del final se proyecta a los inicios,
a la perspectiva del estambre,
y, concluida tu obra, descansas:
el huevo de Virgilio sostiene
en equilibrio tu mágico castillo.

Castel dell'Ovo

When you were taught that creation
Was possible, that those ingenious
Fictions from books rivaled
The fabulations of an absent god,
You found in the thorough preparation
Of threads the ultimate pleasure of the hermit.

With precise skills you imagined
The multiple possibilities, and you laid
Out the loose threads on the loom,
The meticulous reverse reconstruction
Of the timelines. The anxiety
That kept you company in your daily life

Disappeared in the face of the original
Rhythm: The extraordinary arrogance
Of the almighty would delete the blunders
And, with hindsight, would conceive the perfect
Dénouement, the knot of the plot,
The unfolding against the stream

Of obstacles, unity, and fable,
Of reversals and anagnorises,
Of motives and of different worlds
Of the various characters
Until you get back to the beginning:
That exact moment of the incident

That incited the conflict towards
The middle of the scheme. Now,
You frantically unravel the scroll
And smooth out the rough patches,
Going over your own chain,
That subtle and delicate sequence

Of events. The agony of the ending
Is projected back to the beginning,
To the viewpoint of the yarn, and
Once you finished your work, you rest:
Virgil's egg supports in perfect
Balance your enchanted castle.

Ocaso en Santa Elena

> *Yes—one—the first—the last—the best—*
> *The Cincinnatus of the West*
> *"Ode to Napoleon Buonaparte," Lord Byron*

La acuarela te muestra en una colina
mirando con los brazos cruzados
al horizonte. Los ingleses, bien lo sabes,
te han interpuesto una guarnición
previniendo tus ansias de fuga.
Luchas con la depresión porque

sabes que nada antes te detuvo:
este aire viciado, las paredes
carcomidas y los vientos húmedos
afirmas que no podrán acabar contigo.
Dictas tus memorias y tus fieles
seguidores anotan minuciosamente

tus más contradictorios sentimientos.
Estudias inglés y escribes sobre tu héroe
pensando que tal vez también esté echada
tu suerte. Ya sin Josefina, a lo mejor
tu hijo continúe tu legado. Te visita
la imagen de tu madre: "el destino

del niño siempre dependerá del trabajo
de su madre", escribiste. Músicos
y poetas te dedicarán sus obras por ser
la encarnación del individualismo.
De tu casa miserable, supiste crear
la corona de un imperio. Ahora,

agobiado por la inquina y el arsénico,
con el escozor de tu vida solitaria,
en el resplandor del ocaso alucinante,
los tintes apacibles de la noche te ayudarán
a cerrar los ojos para siempre: *« France,
l'armée, tête d'armée, Joséphine »*.

Twilight on Saint Helena

> *Yes—one—the first—the last—the best—*
> *The Cincinnatus of the West*
> "Ode to Napoleon Buonaparte," Lord Byron

The watercolor has you on a hill
Looking at the horizon with your arms
Crossed. The Brits, as you well know,
Have you guarded in a garrison
To prevent you from fleeing.
You struggle with depression because

You know that nothing had stopped you
Before: This stale air, the decayed
Walls and the rainstorm won't
Be able to be the end of you, you said.
You dictate your memoirs and your
Faithful followers carefully jot down

Your most conflicting emotions.
You study English and write about
Your hero, thinking that your die may
Also be cast. With Joséphine gone, perhaps
Your son may continue your legacy. The memory
Of your mother visits you: "The future destiny

Of a child is always the work
Of the mother," you wrote. Musicians
And poets will dedicate their works to you
Because you're the embodiment of individualism.
From your miserable abode, you were able to create
The crown of an empire. Now,

Overwhelmed by arsenic and hate,
With the sting of your solitary life,
In the glare of the breathtaking nightfall,
The gentle colors of the night will help you
To close your eyes forever: *« France,
L'armée, tête d'armée, Joséphine »*.

La selva de la noche

> *Tyger, tyger, burning bright,*
> *In the forests of the night*
> *What immortal hand or eye*
> *Could frame thy fearful symmetry?*
> —The Tyger, William Blake

Avanza la noche con el cordón umbilical por el camino de la selva, la lucha inconclusa y continua modula los senderos recorridos, las armas las armas las armas que claman en la lluvia de la Amazonía, tú estás tú cantas tú razonas, las armas sondean los precipicios, la alborada, ¿dónde están ahora? los recodos, los meandros, el río prosigue, procede, marca las batallas, el azul del mediodía, las nubes gigantescas, el sol ardiente, avanzan caminas el calor los mosquitos, no entiendes la estrategia, obedeces sin embargo, continúas, sigue sigue sigue tu camino, no hay que dilatarse, el calor arrecia, los compañeros caen por el barranco, ¿quién te espera? no hay salida, sí hay salida, la esperanza es un invento, la desesperanza, una ficción, continúa, crea tu camino tu melodía tu sentido, ¿qué existe? ¿quiénes son? marchemos caminemos corramos, no hay regreso, el calor la manigua los mosquitos, el sol quebrantando la epidermis, ¿cuál es la estrategia? ¿en qué piensas? ¿encontrarás la calma? les dicen que no todo está perdido, la modorra, el ardor en la piel, el bisbiseo, murmuramos en el silencio de la selva, la paz la paz la paz, ese pueblo en la

Guajira, esa rutina del engaño, continúa, los convenios son intangibles, la ficción social, la fórmula, la ecuación utópica, el devaneo, no somos nadie en medio del rocío, ¿qué me miras? caminamos por el sendero equivocado, marcha atrás, no, adelante adelante adelante, siempre adelante, compañero.

The Jungle of the Night

> *Tyger, tyger, burning bright,*
> *In the forests of the night*
> *What immortal hand or eye*
> *Could frame thy fearful symmetry?*
> —The Tyger, William Blake

The night moves forward with the umbilical cord along the path of the jungle, the unfinished and continuous struggle modulates the traveled paths, the weapons the weapons the weapons that cry out in the midst of the rainfall in the Amazon, you are you are singing you are reasoning, the weapons fathom the cliffs, the dawn, where are they now? the bends, the meanders, the river keeps on flowing, it moves on, marking the boundaries for the battles, the midday blue, the gigantic clouds, the blazing sun, they push ahead you walk the heat the gnats, you don't understand their strategy, you obey nonetheless, you keep on going, follow follow follow your path, you must not fall behind, the heat is getting worse, your comrades fall down the ravine, who's waiting for you? there's no way out, there's a way out, hope is an invention, despair, a fiction, keep on going, forge your path your melody your meaning, what does really exist? who are they? let's trudge let's walk let's run, there's no turning back, the heat the swamp the gnats, the sun cracking the skin, what's the strategy? what's on your mind? will you calm down? you're told that not everything has been lost, the torpor, the burning sensation on the skin, the muttering, we whisper in the silence of the jungle, peace peace La Paz, that little town in the Guajira peninsula, that drill of deception, carry on, the treaties are intangible, the social fiction, the formula, the utopian equation, the idle pursuit, we are nothing in the midst of the dew, what are you looking at? we're walking down the wrong path, pull back, no, move forward forward, always forward, comrade.

Idilio

En 1976, Luis y yo visitamos
la casa de Goya a orillas del
Manzanares. ¿Qué había sentido
el pintor al abandonarla por
el camino de Burdeos? ¿Angustia,
soledad, desasosiego? El contraste
de los ocres, una semana después
en una sala del Prado, tal vez
me indicaron la respuesta.

¿Qué hacía ese perro diminuto
olisqueando el infinito en medio
de la nada? La textura terrosa
y abultada me recordaba a Tàpies;
¿acaso Goya fue el precursor
del abstraccionismo? El aislamiento
absoluto, esa sensación de hundirse
en las arenas movedizas de un desierto,
¿no eran, quizá, la desazón del artista
ante un futuro incierto? Mi vida en Madrid
venía acosada por la incertidumbre.

Dos meses atrás, en un bar de Chueca,
había vuelto a luchar con el ángel.
El dictador había muerto y Luis,

con el entusiasmo de sus veinte
años, me confesó que hacía la mili,
pero que a pesar de todo era poeta:
el pastor desnudo de Fortuny,
en la portada de su primer libro,
selló aquella noche nuestro encuentro.

Madrid hervía con los cambios,
en la Complutense agredían los grises
y en Moratalaz volaban los gorriones:
rondas por las rejas de Recoletos,
vigilias sincopadas por el sexo,
noches de cine, teatro, cenas, vinos,
conciertos y coñac en tascas y tabernas.

Sin embargo, en el verano llegaron los adioses
y en los ocres de los arenales desaparecieron
aquellos amores de algunas otras veces.

Romance

In 1976, Luis and I visited
Goya's house on the banks of the
Manzanares. What had the painter
Felt when he abandoned it
To take the road to Bordeaux? Heartache,
Loneliness, anxiety? The contrast
Between the ocher colors, a week later
At a Prado room, perhaps
Showed me the answer.

What was that tiny dog doing
Sniffing at infinity in the middle
Of nowhere? The earthy, lumpy
Texture reminded me of Tàpies;
Was Goya the harbinger
Of abstractionism? The absolute
Isolation, that feeling of sinking
In a quicksand of a desert,
Weren't they, perhaps, the artist's anxiety
In the face of an uncertain future? My life in Madrid
Was being besieged by uncertainty.

Two months before, at a bar in Chueca,
I had once again wrestled with the angel.
The dictator had died and Luis,

With the enthusiasm of his youth,
Had confessed to me that he was in the army,
But that in spite of everything, he was a poet:
Fortuny's naked shepherd,
On the cover of his first book,
Sealed that night our chance meeting.

Madrid was simmering with the changes,
The cops were assailing the Complutense,
And in Moratalaz the sparrows were flying:
Rounds around Recoletos railings,
Vigils interrupted by sex,
Evenings of movies, plays, suppers, wines,
Concerts and brandy at pubs and bars.

Nonetheless, our farewells came in the summer
And those loves of some other times
Disappeared in the ocher colors of the quicksand.

El trupillo

Al despertar ciertas mañanas, observo
al trupillo en la fotografía: su tallo
arqueado interrogándome, su cabellera
verde conversando con el horizonte
(un azul que modula la vista al infinito),
rastreando la vida en la aridez
rosada y pálida de un sendero ausente
y, en su centro, el verde agreste
donde se azotan con el viento
sus congéneres, solos o en familia,
quizá más favorecidos por la promesa
de una dilación sin garantías.

¿Es la soledad la condición
de la sabiduría? En el malva
atardecer, la sed agobiante
de las arenas del desierto
imaginan un oasis: las carnes
trémulas de un adolescente.

Forjas la precisa palabra,
el rumor incandescente
de un suspiro, la arqueada
sensación del semen fugitivo,
el fragor del combate de titanes
en la ribera deletérea de las mambas.

No estás solo, vives en el delirio
del instante, en la exquisita
savia del abedul resquebrajado,
en la entrega perfecta del gemido.

La hoja en blanco calcina tus designios.

The Mesquite

When I wake up on certain mornings,
I watch the mesquite on the picture:
Its curved stem questioning me,
Its green mane talking with the skyline
(A blue that modulates the view towards
Infinity), tracking life along the pink
And pale dryness of a faded trail
While, at its center, the rugged green
Where its equals, alone or in groups,
Are being flogged by the wind,
Perhaps thriving by the promise
Of an uncertain respite.

Is solitude a requisite
For wisdom? Against the mauve
Twilight, the overwhelming thirst
Of the desert sands dreams up
An oasis: The shuddering
Flesh of a young man.

You chisel the exact word,
The smoldering whisper
Of a sigh, the arching
Feeling of a shooting sperm,
The roar of the war of titans
On the toxic banks of the mambas.

You're not alone, you live in the frenzy
Of a heartbeat, in the exquisite
Sap of the flaking birch,
In the perfect surrender of a moan.

The blank page scorches your designs.

El basuriego

De tanto andar por los caminos,
tu soledad se ha vuelto íntima.
Tarareas o silbas tonadas idas,
los recuerdos los mascullas
en monólogos infinitos
intentando recuperar esa cordura
que perdiste en la sinrazón
de los amaneceres turbulentos.

Ahora andas por andar, recoges
las colillas, mendigas en los trenes,
de madrugada escarbas en los basureros
de los restaurantes tu suculenta cena
y te tiras a dormir en el corredor
de un banco, aprovechando el calor
que te permita sobrevivir una noche más.

Tu hija insiste en que regreses, que tu edad
y la diabetes acabarán con tus días,
pero te avergüenzas de que te vea
en este estado con las uñas largas,
los vestidos hechos jirones, el carrito
con tus bártulos y con ese olor maldito
y nauseabundo que siempre regresa
luego de un baño ocasional
en el gimnasio público. Tu hija

no comprende, no sabe que la guerra
acabó con tu cordura, que sin tregua
tus muertos te visitan, que la locura
puede más que tu voluntad de aferrarte
a esta vida sin esperanzas ni consuelos.

El andariego recoge las basuras
que atesora en su carrito y los muchachos
que ahora pasan de regreso de los bares
le gritan "basuriego, basuriego", le insultan
y arrinconan, le arrojan contra el suelo
y le prenden fuego. Solo y olvidado,
el andariego grita de dolor entre las llamas,
mientras los jóvenes danzan a su alrededor
enardecidos, atizando el jolgorio
con risotadas de placer y gritándole:
"¡Muere, muere, basuriego, muere!"

The Drifter

From all that wandering,
Your loneliness has become intimate.
Humming or whistling old tunes,
You mumble your memories
In endless monologues
Trying to recover the sanity
You lost in the absurdity
Of violent daybreaks.

Now you wander out of habit, picking up
Butts, begging on trains, digging
At dawn the trash cans
Of restaurants for your succulent dinner,
And going to sleep in the halls
Of banks, taking advantage of the heat
That will allow you to survive one more night.

Your daughter insists on your return, that your age
And the diabetes will be the end of you,
But you'd be mortified if she saw you
In this condition with long nails,
Your clothes in tatters, the shopping cart
With your stuff, and that damn nauseating
Smell that always comes back
After an occasional shower
At the public gym. Your daughter

Doesn't understand, she doesn't know that war
Put an end to your sanity, that your dead
Visit you without respite, that your insanity
Is stronger than your willingness to hold on
To this hopeless, cheerless life.

The homeless man picks up the trash
Which he treasures in his cart, and the kids
Who are now passing by coming from the bars
Yell at him: "Deadbeat, piece of shit,"
Dragging him to a corner, pushing him to the ground,
And setting him on fire. Alone and forgotten,
The drifter is crying in pain covered by the flames,
While the young men dance around him,
All fired up, going wild
With howls of laughter and screaming:
"Die, die, worthless piece of shit, die!"

Fuga de cruceros

Las luces de la tarde se atenúan, el crucero
pasa silencioso en la lejanía por un río
ancho y tranquilo, como la planicie dorada
de la infancia. Las calles desiertas en la tarde,
donde los primeros capullos de la primavera
florecen bajo las vías aéreas, presagian
los decesos, el absoluto caos de la incertidumbre.

El hombre en andrajos camina por el parque
con el fardo de raciones recogidas, el frío
abandona los rincones y la crisálida es motivo
de regocijo, pues no todo está perdido, piensa.
¿Qué hacen los galeristas apiñados
en el ángulo, cuando ahora deberían
mantenerse las distancias? ¿Qué función

tenemos, especulan, ahora que nuestras
palabras se han vuelto irrelevantes?
Las partículas microscópicas flotan
y se posan en los rostros de los escasos
transeúntes. En la lejanía surca el velero
y las figuras diminutas de los hombres
perfilan los cirros en el muelle. ¿Son
conscientes de la austera orden?

Los graznidos de las gaviotas componen
un concierto disonante. Las luces
mortecinas del ocaso cubren de arreboles
la abadía en la otra orilla. La razón
de los desvelos persiste en perseguirnos.
No será placentera la noche. El zumbido

de un abejorro presagia el desenlace;
se posa sobre el balaústre, como ideando
su estrategia. Hacia el sur, se vislumbra
la antorcha de la libertad en medio
de las luces rojas de la urbe. ¿El temple
de un sabio acaso satisfará las expectativas?
Solamente el futuro anda en juego.

Flight of Ships

When the afternoon lights turn to dusk,
A cruiser silently sails in the distance down
A wide, quiet river, just like the golden prairie
Of our childhood. The empty streets in the
Afternoon — with the spring's first buds
Blooming under the High Line — are a harbinger
Of death: The absolute chaos of uncertainty.

A man dressed in rags is crossing the park
With a bundle of scrapped meals; the cold
Is leaving the corners, and the chrysalis is a reason
To rejoice, since not everything is lost, he wonders.
What are those gallerists doing all crammed
Up at the corner, now that they're supposed
To keep their distance? What are our roles,

They wonder, now that our words
Have become irrelevant?
Tiny particles float and then
Land on the faces of the few
Passersby. The schooner sails far
Away, and the tiny shapes of men
Outline the wispy clouds on the pier.
Are they aware of the strict order?

The seagulls' cawing creates
A dissonant concert. The fading
Lights of dusk cover the abbey
With an afterglow in the opposite bank.
The cause of the anxiety insists on tormenting us.
This evening will not be pleasant. The buzzing

Of a bumblebee foreshadows the dénouement;
It lands on the banister, as if it were planning
Its strategy. Towards the south, it's possible
To catch a glimpse of the beacon of freedom
Against the city's glowing lights. Will the
Mettle of a Sage fulfill our expectations?
Only the future is at stake.

Götterdämmerung

Rueda rodando el balón de trapo,
las piernas delgaduchas lo persiguen
como una gacela entre los residuos
de un tugurio. Nadie imaginaba
la dimensión de tu talento.

El barrio, el club, el país entero
poco a poco te vislumbra,
a la gloria te impulsa el hambre
y en tu ascenso, tus seres queridos
disfrutan de las mieles y el rocío.

Una ciudad destruida por la inercia
te acoge con albricias y tú le ofreces
los apetecidos triunfos. Tus rizos
de azabache flotan con el viento
y tus piernas perfectamente delineadas

la diana, con precisión, penetran.
Pero el vicio te destruye inmisericorde,
tus antiguos aliados te traicionan
y desprevenido te precipitas en sus trampas.
Qué rápido olvidaron, pelusita:

tu soledad es el camino de los dioses.

Götterdämmerung

The rag ball rolls, rolling,
His thin legs are chasing it
Like a gazelle in between the waste
Of a slum. No one imagined
The magnitude of your talent.

The neighborhood, the club, the entire
Country slowly caught a glimpse of you,
Hunger is driving you to fame and glory
And in your ascent, your loved ones
Bask in the honey and the dew.

A city destroyed by indolence welcomes
You with gifts, and you offer them
The long-desired, elusive victory. Your
Jet-black curls are flying in the wind
And your perfectly outlined legs

Struck the goal with precision.
And yet, the drugs destroyed you
Ruthlessly, your old allies betrayed you
And you fell, unaware, into their traps.
How quickly they forgot, *pelusita*:

Your loneliness is the path of the gods.

Entropía

No pudimos lograrlo, no, no pudimos. Y no
      le culpo
en lo absoluto. No, señor, no le culpo. Nunca dije
      que iba a hacerlo.
Es lo mismo, pero no es igual, ya lo sabes.

¿De verdad es algo bueno? No lo creo, no.
Simplemente es otro día. ¿Qué quieres que te diga?
No pude convencerles. Tal vez fuimos algo tímidos.

Sé que va a estar reñida. Dime algo
que no sepa. Muy poco, pero de todas formas fui un
poco tímido. Muchos años problemáticos; no
      logré convencerles.

Es la misma cosa: hay años problemáticos;
nunca dije que iba a hacerlo... Permíteme informarte.
Sin embargo, no querían hacerlo; es la misma cosa.

Mucho odio y desconfianza; de verdad que sí.
No logré convencerles pero ¿de verdad es bueno?
      Es la misma cosa.
Simplemente es otro día. Nunca dije. Un poco tímido

aunque lo vengo diciendo durante años y creo que
cometieron un error. Simplemente es otro día. Mucho
odio y desconfianza. Pero ya verás: vamos a

a hacerlo bien. No le culpo, no. Ellos
nos buscarán. ¿De verdad es bueno? Es la misma cosa.
Lo es de verdad. Nunca dije, como sabes. Éramos

algo tímidos, lo éramos. Nunca dije. Simplemente es
otro día. Vamos a hacerlo bien, ya verás.
Será otro día esplendoroso. Entonces,

lo logramos. Llegué cuando estaba sucediendo. Y vendrán
a buscarnos, ya verás. De verdad lo harán.
Simplemente es otro día; de verdad lo es. Va a estar

muy reñida. Nunca dije. No le culpo
en lo absoluto. No. De verdad que no. ¿De
    verdad es bueno? Es
otro día esplendoroso. Ya verás. Vamos

a hacerlo bien. Nos hablamos, vale. Sí lo haremos.
Ya verás. Es la misma cosa; de verdad lo es.
Lo es de verdad. Ya verás. Lo haremos bien.

Entropy

We couldn't get it, no, we couldn't. And I don't
    blame him
At all. No, sir, I don't. I never said I was going to
    do that.
It's the same thing, but it's not the same, you know.

Is this a really good thing? I don't think so, no.
It's just another day. What can I tell you?
I couldn't get them. Perhaps we were a bit shy.

It's going to be very close, I know. Tell me something
I don't know. Very little, but it was still a little
Bit shy. Years of problems; I couldn't get them.

It's the same thing: There are years of problems;
I never said I was going to do it – I tell you that.
But they just wouldn't do it; it's the same thing.

Great hatred and distrust; really, it is.
I couldn't get them, but is it good? It's the same thing.
It's just another day. I never said. A little bit shy

Although I've been saying it for years, and I think
They made a mistake. It's just another day. Great
Hatred and distrust. But you'll see: We're going

To get it right. I don't blame him, no. They will
Come to us. Is it really good? It's the same thing.
It really is. I never said, as you know. We were

A little bit shy, we were. I never said. It's just
Another day. We are going to get it right, we will.
It's going to be another day in paradise. So, we

Pulled it off. I came in the middle of it. And they
Will come to us, they will. They really will.
It's just another day; it really is. It's going

To be very close. I never said. I don't blame
Him at all. No, I don't. Is it really good? It's
Another day in paradise. You'll see. We're

Going to get it right. Talk soon, c'mon. We will.
You'll see. It's the same thing; really, it is.
It really is. You'll see. We will get it right.

El radicalismo de un futuro

Dicen que en el garito (que es la vida) y entre
>hermanos,
la tierra y el agua son de todos y se reparten por
>igual,
pero no os engañéis, que en el pasado, el presente
>y el después,
en el ayer que ya no es, en el ahora que sólo existe
>y en el futuro
que aún no es, las cosas tienen el nombre que el
>lobo les asigna
en su lucha sin cuartel por poseer, hoy y tú,
>mañana y yo,
ayer y él, no somos en las circunstancias que nos
>dais sino
en las que decidamos nominar, el hombre y la
>mujer,
la *garota* y el chaval, el lobo, la zorra y el bufón,
>todos
circulan indefensos y sublimes por los meandros
>mercuriales
del dolor y del placer, tú y yo somos uno en la
>miseria
del tener, pero múltiples, unívocos y
>solidarios
en la cinta infinita y variopinta de Möbius en la
>que todos

sin temor nos encontramos, hoy y ayer y en el
 futuro
que aún no es, los hermanos sin revés, la calma
 ahíta
de la tierra en la que el agua, la suma de las cosas
y el placer, la ternura del momento en que el
 sinsonte
catapulta la sonrisa tintineante del reconocimiento
unánime y solidario, vibrante en su inocente
madurez, saldremos, tú y yo, los vecinos y el
 nogal,
la humanidad entera en su sabrosa idoneidad,
adelante dando tumbos y hallando el equilibrio,
la perfecta testarudez de una síntesis mortal,
construyendo el radicalismo de un futuro que es
presente sin fronteras, sin pronombres posesivos
en su turbulenta y engañosa realidad, la vida,
las cosas, la madera del nogal, la cama en la cintura
del huésped que eres tú y la risa que soy yo,
mi angustiosamente resuelta humanidad,
porque hoy, que no es ayer, construimos
la nervuda y musculosa realidad en la fragua
centelleante de la paz, discurriendo en el presente
y no en el futuro que aún no es, sin presiones
verticales ni ansias reprimidas, desenvolviéndonos
como lúdicas serpentinas en la irreductible
consonancia de un yo plural, el hoy en su cálida
presencia de brumas y arreboles, cara al sol,

sin antes ni después, en la elipsis transitoria
del placer y del saber, el hombre y el chaval,
la *garota* y la mujer, danzando en el círculo
inconcluso y seductor del atardecer, retomando
el día en la noche y el temblor, en las cenizas
del lobo y en el estertor de un nuevo amanecer,
solos, tú y yo y la entera humanidad, en el discurso
sinuoso y convincente de la solidaridad.

The Radicalism of a Future

They say that inside the gambling den (which is life) and among siblings,
Land and water belong to all and are shared in equal parts,
But don't fool yourself, that in the past, in the present, and afterward,
In the yesterday, which is no more, in the now which really exists, and in the future
Which has not yet become, things have the name the wolf has given them
In his merciless struggle to possess, today and you, tomorrow and I,
Yesterday and he, we are not in the circumstances you give us, but rather
In those we may decide to designate, man and woman,
The lad and the lass, the wolf, the fox, and the buffoon, all
Helpless and sublime, moving along through the mercurial meanders
Of pleasure and pain, you and I, we are one in the indigence
Of possession, but multiple, unequivocal, and sympathetic
On the infinite and variegated Möbius tape on which we all

Find one another without fear, yesterday and
      today, and in the future
Which has not yet become, siblings without
      setbacks, the satiated calmness
Of the earth in which the water, the sum of pleasure
And of all things, the tenderness of the moment
      in which the mockingbird
Catapults the tinkling smile of sympathetic and
Unanimous recognition – quivering in its childlike
Maturity, we shall go, you and I, the neighbors
      and the walnut tree,
All humankind in its delicious suitability,
Moving forward, stumbling, and finding balance,
The flawless obstinacy of a lethal synthesis,
Building the radicalism of a future, which is
Present without borders, without possessive pronouns
In its tumultuous and deceptive reality – life,
Things, the walnut wood, the bed on the waist
Of the host that is you and the laughter that is I,
My agonizingly resolute humanity,
Because today, which is not yesterday, we are building
The sinewy and muscular reality on the sparkling
Forge of peace, roaming in the present –
And not in the future, which has not yet become
      – without vertical
Pressures or repressed desires, unraveling
Like recreational streamers in the irreducible
Consonance of our plural self, today in its warm
Presence of mists and red glows, facing the sun,

Without after or before, in the fleeting ellipsis
Of pleasure and knowledge, the man and the lad,
The woman and the lass, dancing in the unfinished and
Seductive circle of nightfall, retaking
The day in the night and in the quake, in the ashes
Of the wolf and in the rattle of a new dawn,
All alone, you and I and the entire humankind, through
The winding and persuasive discourse of solidarity.

En el palacio de invierno

La guitarra portuguesa junto al taburete
aparece sola en la penumbra; una mano
extremadamente blanca surge de la luz
y la sujeta. Cuando los primeros acordes

suenan, observas por primera vez
su rostro. Sus manos se deslizan y rasgan
mientras la fadista habla de un marinero
o de un amor secreto. La luz de la tarde

atraviesa los cristales del pabellón y cae
sobre las palmeras: me sonríes, no sé
si por mi insistencia en mirarte.
Tocas con la sabiduría de Armandinho

y te humedeces los labios con la lengua;
la fadista recoge su larga falda y desciende
por las escalinatas y te ocultas, inadvertido
por un público indiferente. ¿En qué consiste

tu belleza? ¿Es tu arte o tu apariencia?
La vida continúa en medio de ovaciones,
inalcanzable perfección obsolescente,
beso furtivo o entrega silente,

poco importa, la sonrisa efímera fija
en la memoria el resplandor del instante
eterno, la fugaz conmoción de un crepúsculo.
En ese hilar de cuerdas vislumbro

el encanto de tu solar de Alentejo,
las costumbres que hicieron
de ti el hombre que hoy eres.
Vives en presencia de los ángeles,

en el vuelo inusitado de un suspiro.
La noche cae sobre el atrio y el silencio
invade el auditorio finalmente. Estamos solos
en esta inmensa cofradía de incógnitos.

In the Winter Palace

The Portuguese guitar by the stool
Lies alone in the dark; an extremely
White hand arises from the light
And grabs it. When the first chords

Are heard, you see his face
For the first time. His hands slide down and strum
The chords, while the Fadista is singing
About a sailor or a secret love. The afternoon light

Is coming through the glass ceiling and falls
Over the palm trees: You smile at me; I don't know
If it is because I've been staring at you.
You play with Armandinho's wisdom,

Wetting your lips with your tongue;
The Fadista picks up her long skirt and goes down
The steps, and you hide, unnoticed
By an indifferent crowd. What is your beauty

All about? Is it your art or your looks?
Life goes on among the ovation,
Unreachable, obsolescent perfection,
Stolen kiss or quiet surrender,

No matter – the fleeting smile freezes
In my memory the glow of the perpetual
Split-second, the evanescent flurry of a twilight.
In your whirl of strings, I catch a glimpse

Of the charm of your Alentejo home,
The customs that made of you
The man you are today.
You live in the presence of angels,

In the unusual flight of a sigh.
Night is falling on the atrium, and silence
Finally takes a hold of the audience. We are alone
In this vast brotherhood of strangers.

Tu fez incógnito

Pon a descansar tu fez, tus babuchas y chilaba,
    acércate al espejo y mira los recodos,
recoge las cenizas y destruye las chisteras,
    desnuda las pupilas y concierta los tropeles,
transgrede los perdones e instaura los albures,
    liquida las argucias y limpia la pizarra,

pues con escozor, la diatriba continúa
    y a ciencia cierta no sabemos
los derroteros memoriosos del presente:
    observa en los meandros de las venas
los senderos no escogidos y piensa
    si acaso el devenir desdice las preguntas

que una vez contemplaste en desconcierto —
    son razones para el salto, para el gozo
sublime de lo incógnito — no hay mallas
    que detengan los impactos, sino
el sentido efímero del fuego, el contorno
abroquelado de la llama que define

el justo despertar y el sonido imperceptible
    de las múltiples ofertas, el vigor
espléndido de la savia retomada
    en la oquedad del diálogo y en la biela
que mueve el orfebre en su silencio
    en el estertor de un beso reticente.

Your Unknown Fez

Put your fez, your babouches and your djellaba to rest,
        Come close to the mirror and look at the bends,
Scoop up the ashes and destroy the top hats,
        Bare the pupils and organize the crowd,
Act against absolution and set up the chances,
        Terminate the schemes and clean the slate,

For the invective continues with bitterness
        And we don't know for sure
The retentive memory routes of the here and now:
        Watch the course of veins,
The roads not taken and think
        If perhaps the ordeals contradict the questions

You once bewilderedly entertained
        (They're reasons for jumping, for the sublime
Joy of the unknown), there are no safety nets
        That may prevent the crash, but
The fleeting sense of fire, the shield-shaped
        Contour of the flame that defines

The righteous awakening and the subtle sound
        Of many offerings, the splendid
Strength of the sap taken back
        From the pit of dialogue and from the rod
Turned in silence by the goldsmith
        In the rattle of a reluctant kiss.

Gregorio Samsa

Si se despierta, no rutila
y en el sueño cuestiona
la absoluta miseria de los arreboles:

¿es cierto que en Cafarnaúm pudiste
encontrar la sonrisa inculta,
el roce del ala de un querube?

Se arrastra por la sinuosa borla,
el baldaquín no define la ironía
de un desenfreno incauto:

no le apetece humedecer
la quimera, ni el agudo ojo
que vislumbra la nebulosa,

ni la tierra incógnita, ni el sabor
de una fiesta inconclusa.
Abre los ojos y recuerda:

su nombre es Franz y no hay
insecto que le impida hoy
salir del Josefov en el turbio

amanecer de los ecos infinitos.
Se sienta frente a su escritorio:
ahora surca un trazo sobre la hoja jibia.

Gregor Samsa

If he wakes up, he doesn't sparkle,
And in dreams he questions
The absolute squalor of the afterglow:

Is it true that in Capernaum you were able
To find the uncouth smile,
The brushing of a cherub's wing?

Crawling over the winding tassel,
The canopy doesn't define the irony
Of a reckless wantonness:

He doesn't feel like wetting
His daydreams or his piercing eye
That catches a glimpse of the star dust,

Or the *terra ignota* or the taste
Of an ongoing party.
He opens his eyes and remembers:

His name is Franz and there is no
Monstrous vermin that may prevent him
Today from getting out of the Josefstad

In this misty dawn of endless echoes.
He sits at his desk: A line
Is sailing now over the sepia sheet.

El pájaro de fuego

Las alfombras que tanto amabas
sirven de motivo para tu tumba.

Los triunfos jamás imaginados
en tu infancia tártara te fueron
concedidos con creces.

Corrías como un felino
entre bastidores con el cinto blanco
que ceñía tu vestido ultramarino;
el turbante con plumas, el leotardo
inmaculado, los ojos penetrantes,
los pómulos salientes: eras el príncipe
de Siberia que no anticipaba su desgracia.

Cuando ascendías como el pájaro
de fuego, el aire se electrizaba
preconizando los disturbios.

Probaste todos los placeres;
las curvas de tus muslos
invitaban al desenfreno.
Pero en vano negaste tu afección:
en el desasosiego de los túmulos,

el aire finalmente abandona tus pulmones
una madrugada de invierno,
bajo los ojos impávidos de Nuestra
Señora del Perpetuo Socorro.

The Firebird

The carpets you loved so much
Served as a motif for your tomb.

The successes never imagined
In your Tatar childhood were
Granted hundredfold.

You ran like a cat behind
The scenes with your white belt
Hugging your ultramarine dress;
Your feathered turban, your spotless
Leotard, your piercing eyes,
Your high cheekbones: You were the prince
Of Siberia who never foresaw his adversity.

When you flew up like a firebird,
The air would be electrified
Announcing the unrest.

You tasted all the pleasures;
The curves of your thighs
Were a call to debauchery.
You denied your condition, but to no avail:
In the restlessness of the mounds,

The air is finally leaving your lungs
In a winter's early morning,
Under the impassive eyes of Our
Lady of Perpetual Help.

Il cavaliere in rosa

Desde el balcón observas los arreboles
sobre el Hudson: las tonalidades rosas,
los trazos sinuosos de las nubes muestran
el desasosiego de la ciudad silenciosa.
La noche cubre las calles sin vehículos,
las plantas respiran sosegadas en medio
de la incertidumbre.

Regresas a la sala
y un cuadro de Moroni en un nicho
de libros te lleva a aquella tarde en Bérgamo
cuando en su oblicuidad el caballero
rosado establecía un diálogo de fuego.
Entonces, como ahora, tus muertos
crecían día a día en medio de la tortuosa
certeza de los días aciagos, de la impotencia
de una voluntad sin límites. El sol
golpeaba implacable el verano azulado
del desorden. Todo había comenzado
en una isla o en un hammam, nadie puede
decirlo con certeza, aunque ya poco importa,
la total libertad había conducido a aquello.
Un decenio después la muerte tocó
tus cofradías y el dolor creció
paulatinamente.

Il cavaliere in rosa
empuña su espada con la mano izquierda
y te preguntas qué hubiera sucedido,
qué compasiva mano te guio por la vía
de los desencuentros. Al regreso de París
la muerte sorprendió a Manuel inopinadamente
y las preguntas sin respuesta poblaron
los monólogos. ¿Acaso era posible?
Entonces comenzó tu descenso al infierno.

Giovanni Gerolamo Grumelli mira
de soslayo hacia la izquierda y te conduce
al ser ausente. ¿A quién observa el caballero?
La mano derecha ofrece un gesto impreciso,
que no una jarra, más bien sostiene un sombrero
negro que termina en una pluma rosa. Las
noticias del frente eran inciertas. ¿Cómo
exactamente se reproducía el contagio?
La vida continuaba, las tardes se teñían
de nostalgia y poco a poco vinieron
los suicidios. Rafael había renunciado
a la lasitud. ¿Merecía la pena continuar
pintando cuando todo llegaba a su fin?
Alberto debatía a sus demonios, la teoría
del color no tenía sentido. ¿Cómo
explicar las noches del deseo, la absurda
necesidad del verbo, la angustia
de la obra inconclusa? La bañera
acogió su sangre en la indolencia.

Con qué exquisita paciencia Moroni
había pintado los motivos de plantas
y flores plateadas en el bordado
del vestido rosado. ¿Presumía
Giovanni Gerolamo de su linaje?
¿Isotta Brembati, su mujer, le observaba
desde una distancia prudente? El rubor
en sus mejillas se propaga por todas
sus vestiduras: está plenamente consciente
de su absoluta y magistral importancia.

Hugo y Ron batallaron hasta el fin
con las infecciones del cerebro.
¿Acaso los animales domésticos
se convertían en sus peores enemigos?
Hugo se precipitaba contra las paredes
porque el suplicio era insufrible.
Ron custodiaba con diligencia
los barbitúricos para el día infausto.
Ambos sucumbieron ante el dolor inicuo.

¿Pensaba Moroni en Albino? Ciertamente
Giovanni Gerolamo era su paisano. ¿Fue
un homenaje al hombre o a su tierra?
El liguero rosa y gris en la pierna izquierda
sostiene la calceta con precisión categórica.
¿Su postura de tres cuartos con la pierna
derecha semi doblada hacia delante
y el cuerpo esbelto y recto apuntan,

quizá, a su fortuna? El torso antiguo
parece haberse desprendido del pedestal
que aún se asoma en el nicho. El paso
del tiempo es inexorable y la muerte
acecha en los rincones. La voz
distorsionada de Ludwig en el teléfono
anunciaba el inminente desenlace.
Las multitudes han desaparecido
de la metrópoli. Hoy al igual que ayer
el sol calcina los meandros, el temor
y la rabia nutren la incomunicación.
¿Estamos solos? Los rumores levantinos
invaden los pensamientos, las naves
se deslizan silenciosas en la placidez
del río adormecido. Ya no visitan
las hordas el paseo elevado, las galerías
y museos han clausurado sus puertas.

El falso relieve antiguo encuadra
al caballero de bigote y barba
que no descansa con su mirada oblicua.
"Esto también pasará", pregonan, "no
serán los días postreros." Sustento
de farsantes, la sombra de la peste
se disemina por la tierra. El espanto
paulatinamente logra enseñorearse
y la impotencia acorrala los sentidos.

Ramiro también se resignó a su muerte,
no por su propia y demente afección sino
por la injusticia de las instituciones.
Uno a uno, fueron demacrándose
y los hospitales y cementerios
se negaron a acogerles. Ésos también
fueron unos días postreros. Sólo
mis recuerdos quedan habitándome
con rigurosa tenacidad de amor
nutridos. Un río también se congeló
un día en Londres y de ello *Orlando*
rinde cuenta. Daniel mantuvo su diario
con propiedad y precisión. Albert reveló
su narrador al final de los tiempos.
Gabriel reconstruyó un amor desmesurado
entre las paredes carcomidas del mar muerto.

Giovanni Gerolamo Grumelli perdura
en la perfección del arte: su mirada intensa
y severa, el peinado primorosamente cuidado,
los calzones al estilo castellano. Los bergamascos
continúan con sigilo sus vidas cotidianas
en las calles de la *città alta*: sus murallas
medievales les aíslan del mundo alucinante.
Los ecos en la terminal desierta repiten
con insistencia los pasos perdidos del miedo.
Las calles de Manhattan reverberan
con el sol que baña a los indigentes:
escarban los basureros con la esperanza
de los náufragos, ensordecidos por el llanto.

La inscripción en español indica
en la pared que Giovanni era "más el
zaguero que el primero". ¿Se refería entonces
a sus segundas nupcias con Isotta Brembati?
El cuello blanco enmarca el rostro y el rosa
de sus vestimentas supera en hermosura
y permanencia a los avatares del destino.
Veinticinco años antes había finalmente
encontrado la sobriedad. Las arañas
en el lecho desaparecían con el ácido
bórico. ¿Existían en realidad o eran
el producto de mi mente alucinada?
La claridad insólita me condujo
al hospital cercano donde el sosiego
dio a luz a una nueva vida. ¿Cuántos
de mis amigos habían muerto?
El regocijo del comienzo marcó
con seguridad los derroteros.

El falso relieve en la pared
del cuadro muestra a Elías en un torbellino
ascendiendo al cielo en su carro de fuego.
Los farsantes difunden el miedo, la confusión
y la ansiedad con sus argucias. ¿Acaso
recordaba Elías los tiempos de sequía, el agua
del río y los alimentos que le traían los cuervos?
No así Giovanni en su privilegio: ¿el manto
de Elías había heredado o era todo
una ficción de Moroni en su cuarentena?

Era preciso crear en el silencio: el abandono
de las huestes trae quietud en la destemplanza.
Tres ancianos hoy se enfrentan con la muerte
en los escaques blanquinegros de la devastación.
Sólo uno conducirá a su pueblo
por los meandros de la certidumbre.
En medio de la desolación, la turbamulta
arruina las últimas trazas de cordura:
las torres y las antiguas pestilencias
plagan los recuerdos de los sobrevivientes.
En la exquisita pintura de Moroni, el reflejo
de un reflejo de Tiziano, la singularidad
e intensidad del color recorren la tela arrojando
una luz rosada de esperanza. En esta página
está la alborada y el signo de los tiempos.

Il cavaliere in rosa

From the balcony, you see the sunglow
Over the Hudson: The pink hues,
The winding lines of the clouds showing
The restlessness of the silent city.
The night covers the streets without vehicles,
The plants breathe relaxed amidst
Uncertainty.

You go back to the living room and
A Moroni painting in a niche of books
Takes you back to that afternoon in Bergamo
When in his obliquity the pink
Cavaliere opened a fiery dialogue.
Then, like now, your dead piled up
Day by day amid the devious certainty
Of the fateful days, of the vulnerability
Of a boundless determination. The Sun
Was hitting unsparingly in the blue chaotic
Summer. Everything had started
On an island or at a hammam, no one can
Tell for sure, although it doesn't matter
Anymore, total freedom had led to that.
A decade later death touched
Your brotherhoods and pain gradually
Increased.

Il cavaliere in rosa
Grabs his sword with his left hand
And you wonder what would've happened,
What compassionate hand guided you on the road
Of dissent. Upon returning from Paris,
Death took Manuel by surprise, unexpectedly,
And the unanswered questions fed
The monologues. Was it possible?
Then, your journey to the underworld began.

Giovanni Gerolamo Grumelli casts a sideways
Glance to his left and leads you towards the absent
Being. Who is the cavaliere looking at?
His right hand offers a vague gesture,
Although not akimbo, but rather holding
A black hat sporting a pink feather. The
News from the front was unclear. How
Exactly was the contagion being spread?
Life went on, the afternoons were overwhelmed
By nostalgia, and bit by bit the suicides
Came. Rafael had given up
To exhaustion. Was it worth to keep on
Painting when everything was coming to an end?
Alberto was struggling with his demons, color
Theory was of no use. How
To explain the nights of desire, the absurd
Need for words, the agony
Of the unfinished work? The bathtub
Welcomed his blood with apathy.

With what exquisite patience Moroni
Had painted the motifs of silver
Plants and flowers on the embroidery
Of the pink suit. Was Giovanni
Gerolamo bragging about his lineage?
Was Isotta Brembati, his wife, observing
Him from a safe distance? The blush
On his cheeks spreads all over
His clothes: He's fully aware of his
Absolute, commanding importance.

Hugo and Ron fought their brain
Infections until the end.
Perhaps their pets were
Becoming their worst enemies?
Hugo would throw himself against walls
Because the torture was unbearable.
Ron diligently watched over
The barbiturates for that fateful day.
They both surrendered to their unrelenting pain.

Was Moroni thinking about Albino? Surely,
Giovanni Gerolamo was from his hometown,
Was it a tribute to that man or to his land?
The pink-and-gray garter on his left leg
Is holding the stocking with decisive precision.
His three-quarter pose with his
Outward slightly bent right knee
And his trim, straight body indicate,

Perhaps, his great wealth? The ancient torso
Seems to have been detached from the pedestal
That still looks in from the niche. The passage
Of time is ruthless, and death
Is lurking from the corners. Ludwig's
Distorted voice on the phone
Foreshadowed the impending conclusion.
The crowds have vanished
From the big city. Today just like yesterday
The Sun scorches the meanders, dread
And anger feed the isolation.
Are we alone? Rumors from the East
Assail our thoughts, ships
Quietly sail on the serenity
Of the motionless river. The throng of tourists
Are absent from the High Line, galleries
And museums have closed their doors.

The ancient faux relief frames
The cavaliere with mustache and beard
Who isn't resting with his sideways glance.
"This will also pass," they proclaim, "these
Are not the latter days." The livelihood
Of deceivers, the shadow of the plague
Is spreading across the planet. The horror
Gradually manages to take control,
And helplessness overwhelms the senses.
Ramiro also came to terms with his death,

Not by his own insane condition, but
Rather by the miscarriage of justice.
One by one, they wasted away,
And hospitals and cemeteries
Refused to welcome them. Those too
Were latter days. Only
My memories remain, dwelling
In me and nourished by the stern
Tenacity of love. A river also froze
One day in London, and we find
Its tale in *Orlando*. Daniel kept his journal
With flair and accuracy. Albert revealed
His narrator at the end of time.
Gabriel recreated a boundless love amid
Crumbling walls across from a dead sea.

Giovanni Gerolamo Grumelli lives on
Through the perfection of art: His intense, stern
Gaze, his hairdo gorgeously cared for,
His Castilian-style trousers. The Bergamasques
Go on with their everyday lives with caution
In the streets of the *città alta*: Its medieval
Walls isolate them from the bewildering world.
Echoes at the deserted terminal repeat
Persistently the lost steps of fear.
Manhattan streets reflect the sunrays,
Bathing the homeless people: They are
Rummaging the trashcans with the hope
Of castaways, deafened by the screams.

The Spanish inscription on the wall
Informs us that Giovanni was "more
The lagger than the frontrunner." Were
They referring to his second nuptials to
Isotta Brembati? The white collar is framing
His face, and the pink on his clothing
Surpasses in beauty and permanence the avatars
Of destiny. Twenty-five years earlier,
I had finally found sobriety. The spiders
In my bed disappeared with boric
Acid. Were they real or were they
A figment of my intoxicated imagination?
The unusual lucidity led me
To the nearby hospital where serenity
Gave birth to a new life. How many
Of my friends had died?
The joy of the beginning marked
The pathway with confidence.

The faux relief on the wall
Of the painting shows Elijah's ascent
In a windstorm to heaven in his fiery chariot.
The deceivers spread fear, confusion,
And anxiety with their trickery. Perhaps
Elijah was remembering the days of droughts,
The river's water, and the food brought to him
By ravens? Not so Giovanni in his privilege:
Had he inherited Elijah's mantle or was everything

It was necessary to create in silence: His quitting
The army had brought solace in self-abandonment.
Today, three old men are facing death on the
Black-and-white chess squares of devastation.
Only one will lead his people
Through the labyrinth of certainty.
In the midst of desolation, the mob
Is destroying the last vestiges of sanity:
The towers and the ancient plagues
Hound the survivors' memories.
In Moroni's exquisite painting, the reflection
Of a Titian's reflection, the uniqueness
And intensity of color travel through the canvas
Casting a pink light of hope. On this page,
We find the dawn and a sign of the times.

Muerde el anón

Como quiera que sea, el mundo
es todo aquello que la hipótesis
incluye. A raíz del incidente
las astracanadas abundan y fijan
el significado entre líneas. Los nombres

son elípticos — no describen nuestra
situación agónica. No hay que nominarla
adrede: la propuesta apunta
al vacío sin sentido y ésa es la forma
en que las cosas están entre nosotros.

Mil días cuentan, como la rosa
que quiere ser fantasma. Sé que soy
inconsecuente: el mundo es una añagaza
en donde los muertos sobreviven. Mas no me
amedranto: soy consecuente en mi inconsecuencia.

Sin embargo tus labios pucheran al vacío —
no notan las maniobras que fraguan las curules.
No tiene sentido — es igual pero no es lo mismo.
Todas las posibilidades existen
simultáneamente. ¿Pero quién resulta
elegido? La treintena nos ofrece
los murmullos de una mortalidad
inminente. La escalera hay que botarla

luego de haberla utilizado. Piensa:
todas las posibilidades son

estadísticas. El texto antagoniza
el mundo, esbozando su reflejo.
En el reino de la lógica
tu fantasía es factible. Un pacto
no debemos firmar

si deseamos que seamos
escogidos. Tu cuerpo recalcitra
los jugos de un encuentro.
No obstante mil días fijan
la ansiedad en la tabaquera

anatómica. El mundo es todo
aquello que la hipótesis incluye.
Si no podemos discutirlo
es mejor que confabulemos
en el silencio indiscutible.

Bite the Custard Apple

Be that as it may, the world is all
That is the case. As a result of the
Incident the far-out acts are
Abundant, determining the meaning
Between the lines. The names are

Elliptical—they don't describe our
Irking circumstances. We don't have
To designate it deliberately: the
Proposition suggests a senseless vacuum
And that is the way things are between us.

Thousand days count, like the rose
That wishes to be a ghost. I know I am
Inconsistent: The world is a snare wherein
The dead survive. But that doesn't frighten me:
I'm consistent in my inconsistency.

However, your lips purse at the vacuum—
They don't notice the intrigues plotted by
The councilmen. It doesn't make sense— no matter,
Although it's not the same. All the possibilities
Exist simultaneously. But who is to be
The chosen one? To be in our thirties
Offers us the whispers of imminent
Mortality. The ladder has to be thrown

Out once it has been used. Think:
All the possibilities are statistics.

The text antagonizes the world,
Outlining its reflection. In the
Logic realm your fantasy is
Attainable. We mustn't enter
Into a covenant if we wish

To be the chosen ones. Your
Body balks at the meeting
Fluids. Nevertheless, a
Thousand days freeze the
Anxiety in the anatomic

Tobacco pouch. The world
Is all that is the case.
If we cannot talk about it
We'd better pass it over
In indisputable silence.

Cananeos

Aunque un día fui el escogido
se ha desvanecido hoy mi rostro.
Sin embargo la brea utilicé
como se me había instruido.

De trescientos codos la construí
y en el pico de la paloma la hoja
me hizo respirar en el Ararat
tranquilo. No sé por qué Enlil

me vino a la memoria, si bien
seiscientos años de experiencia
se borraban ante la tierra
nueva y húmeda. Cultivé

mi viña con esmero y tuve
que celebrarlo. Bebí demasiado —
es cierto, aunque nunca supe cómo
quedé desnudo en el desierto.

Estas carnes viejas —
qué vergüenza. Sin embargo
Cam me hizo el amor
sin preguntarme. ¡Maldito sea!

Nunca pude entender
el amor entre los hombres.

Canaanites

Even though one day I was the
Chosen one, my face has faded out.
Nevertheless I used pitch
As I had been instructed.

I made it of three hundred cubits of
Length and the leaf in the dove's bill
Gave me a breather, resting on the
Ararat. I don't know why Enlil

Came to mind, although six
Hundred years of experience
Quickly vanished before the
New, moistened earth. I tilled

My vineyard fastidiously and had
To celebrate. I drank too much—
That much is true, although I never
Knew how I turned up naked in the

Desert. This old flesh—How
Disgraceful! Nevertheless
Ham made love to me
Without asking. Damn him!

I could never understand
Love between two men.

Creta revisitada

Tu laberinto es retorcido:
Ariadna ha muerto
y ya no encuentro la salida.

Tu presencia se agosta en la distancia
como un bajel
naufragando en el horizonte.

El Minotauro llora en sus sueños
y los corredores incansablemente repiten
la tristeza de su llanto.

La espiral de la historia
esclaviza mi destino
a sisíficos castigos.

¿Si encontrase la salida,
estaría, acaso, malograda mi fortuna?

¿Se me derretirían las alas, ineludiblemente,
en mi frenética fuga?

¿Me precipitaría en el océano
para tropezar la muerte,

trascendiendo tan sólo
en las cenizas de tu memoria?

Crete Revisited

Your labyrinth is convoluted,
Ariadne is dead
And I cannot find my way out.

Your presence emaciates in the distance,
Like a vessel
Foundering on the horizon.

The Minotaur is crying in his dreams,
And the corridors indefatigably repeat
The sadness of his weeping.

The eternal spiral of happenings
Enslave my destiny
To an always returning punishment.

If I find an exit,
Will my fate be doomed again;

Will the wings inevitably melt
In my frenetic flight;

Will I plunge into the ocean
To find death,

Triumphing over mortality
Only in the ashes of your memory?

Dádiva

El sol besa cadencioso
en rápido ondular, ría
que desborda tu cintura,
febril y dulce camino
recorrido con sigilo,
éxtasis mordiente, mío
tu sabor aletargado,
espesura que me brindas
en los trinos, las centellas
que te fijan en los moldes
truncando ya el desafío.

Tu generosa dádiva
en la espesura me fecunda.

Gift

Rhythmically, the sun kisses
In quick waves, estuary
Overflowing your waist,
Sweet, feverish path
Traversed in secrecy,
Biting ecstasy, mine
Your lethargic flavor,
Undergrowth you're offering me
Among the trills, sparkles
Fastening you to the molds
Finally choking off your dare.

In the undergrowth, your generous
Gift makes me fertile.

Hermes

Pero tus ojos paradójicamente
contradicen tus palabras:
las manchas de topacio flotan
sonrientes en el piélago que trata
de asfixiarlas. Juncal, tu cuerpo,
vibra, danza inquieto,
con la mirada tenaz que los traspasa,
con la pregunta muda que formula
lo inasible — el deseo proteico —
el fulgor de algo frágil
que juntos forjaríamos
en el suspiro interrumpido
de los labios; el verbo destruye
el sortilegio. Disquisiciones absurdas:
acaso cómo descifrar la génesis
del texto. Inútil. Semen arrojado
al vacío, perdido en la efímera
imagen del recuerdo. La hermética
sonrisa propone un desafío,
desdibuja tus palabras, las ocupa.
Sin embargo no te atreves — se diluye
la audacia de tu muda súplica, naufraga
finalmente: pero tú, allí, mirándome
en silencio, interrogándome.

Hermes

But paradoxically your eyes
Contradict your words:
Topaz-like stains floating,
Smiling on the green that tries
To drown them. A reed, your body,
Trembles, dances restlessly
With the tenacious gaze piercing
Them, with the quiet question
Phrasing the unattainable—the protean
Desire—the flare of something frail
To be wrought by us
In the interrupted sighs
Of lips; the verb destroys
The sortilege. Absurd disquisitions,
Perhaps on how to decipher the secrecy
Of the text. Useless. Semen splurged
In the vacuum, wasted in the fleeting
Image of memory. The hermetic
Smile sets a challenge,
Fades your words, haunts them.
However you don't dare—the audacity
Melts away in your silent begging;
It founders, finally: But you, there,
Staring at me, questioning.

Hipótesis del sueño

> *Aconteció que cuando él hubo acabado de hablar con Saúl, el alma de Jonatán quedó ligada con la de David, y lo amó Jonatán como a sí mismo.*
> —Samuel 18:1

> *Ah, si me besaras con los besos de tu boca... ¡grato en verdad es tu amor, más que el vino!*
> —Cantar de los Cantares 1:2

Sin embargo, nunca di cuenta cabal de tu total entrega. Después de todo fui yo quien buscó tu olor a musgo hasta encontrarte distraído junto al bar en las luces opalinas de la tarde. Estabas rodeado de turiferarios que me impedían acercarme; nuestros ojos se cruzaron con paciencia. Al inclinarme percibí los vellos de trigo que formaban abesanas en tu nuca, sentí la marejada de tu aliento, presentí una entrega. Nuestros labios nos mostraron el camino.

Una ruptura reciente me había vuelto vulnerable. Codiciaba tus besos, anhelaba tu cuerpo joven de caña dulce, aspiraba la fascinante sorrostrada de tu ingenua labia. Abandoné todo por tus labios. Con la resolana del verano golpeando las paredes, mordisqueé tus botones hasta arrancarlos y te encontré, sólido y perfecto, en el sudor alicorado de tus muslos, en la transpiración interna de tu ombligo: nos incorporamos en medio de las sábanas con los embates tercos de una lujuria postergada, irguiéndonos en el ombú de aquella tarde irremediable.

La costumbre nos vuelve deleznables. Adocenado y pusilánime, prefiriendo lo seguro ante el azar de lo sublime, regresé al sendero tortuoso pero conocido, a la artritis complaciente del olvido.

Todo me ofreciste y, sin embargo, preferí los requilorios de una alianza insulsa. Un día codicié los besos de tu boca. Ya no existes. Vives en la hipótesis del sueño.

Hypothesis of a Dream

And it came to pass, when he had made an end of speaking onto Saul, that the soul of Jonathan was knit with the soul of David, and Jonathan loved him as his own soul.
—First Samuel, 18:1

Let him kiss me with the kisses of his mouth — for thy love is better than wine.
—The Song of Songs, 1:2

Nevertheless, I never offered a thorough report of your absolute surrender. After all, I was the one who had gone searching for your scent of moss, until I found you distracted at the bar in the opal-tinged lights of the afternoon. Sycophants, preventing me from coming closer, were surrounding you; our eyes met patiently. While leaning over, I noticed the dark-blond down that made furrows on the back of your neck; I felt the swell of your breath and foresaw a capitulation. Our lips showed us the path.

A recent break-up had made me vulnerable. I lusted after your kisses; I longed for your young body, sweet as sugar cane; I breathed in the fascinating insolence of your unsophisticated loquacity. I relinquished everything for your lips. While the summer's scorching sun was hitting the walls, I nibbled on your buttons, until I pulled them out and found you, strong and flawless, in the intoxicating sweat of your thighs, in the inner perspiration of your navel: We sat up in the midst of the bed sheets impelled by the obstinate onslaught of a deferred lust, rising up in the umbra tree of that irreparable afternoon.

Habits make us despicable. Ordinary and fainthearted, preferring security instead of the chance of reaching for the sublime, I went back to the winding, although familiar, path, to the compliant arthritis of forgetfulness.

Even though you offered me everything, I chose the comforts of an insipid bonding. Long ago, I lusted after the kisses of your mouth. You are no more. You exist in the hypothesis of a dream.

Geografías paralelas

Roer, destilar tu cuerpo belicoso sin conocer, o acaso comprender, la dicha de un vuelco inesperado, el beso que se niega y sin saber se vuelve rosa.

Tu mirada trastoca el vidrio roto de la angustia violenta de los labios; el rojo punzó que desmenuza la tetilla del deseo; el silencio confundido de un romance en ruinas, destrozando capiteles, gárgolas rabiosas, indómitas marcándonos los labios, ofreciéndonos el *grimoire* confundido de tus esencias exquisitas que denuncian el alba en la Boquilla que nunca conocimos juntos y, sin embargo, recordamos en el recuento de la geografía saboreada aparte, incógnitos destinados al reencuentro, al beso tránsfuga, mordido en el momento gótico y perfecto, un concurso exaltando la belleza, lo insólito de los rostros nuestros recreando la soledad del embeleso.

Parallel Geographies

    To gnaw, distill your belligerent body without knowing, or not even understanding, the joy of an unexpected turnaround, the refused kiss which unknowingly transforms itself into a rose.

    Your gaze permutes the broken glass of our lips' violent anguish; the bright red that minces desire's nipple; the perplexed silence of a crumbling love affair, destroying capitals, furious, indomitable gargoyles branding our lips, offering us the perplexed *grimoire* of your exquisite scents, denouncing dawn's arrival at La Boquilla which we never got to know together and, yet, remember it as shared when taking the inventory of the geography we relished apart, incognitos destined to meet again and share the fugitive kiss that bites at the gothic, perfect instant — a pageant exalting beauty and the strangeness of our faces recreating the solitude of our rapture.

La sonrisa de Pericles

En el levantamiento del cadáver
la sonrisa sibilina de Pericles
punza el firmamento
sin decir palabra:
fascinantes fábulas
alimentadas por el hambre.

El guerrillero ha muerto
sin embargo. No es preciso
que creamos todo lo que informan.
Allí está la sangre —
sólo un símbolo en la bandera
de la patria boba.

Rojo punzó que igual corre
por decenas de folletines
decimonónicos. Acaso nunca
a una educación sentimental
fuimos sometidos. Pero igual.
¿De qué nos sirve ganar el alma

si al final perdemos el mundo?
Recuerda que el verbo
fue el principio, aunque otros
traduzcan "la palabra".

La nariz de Elohím
arrojaba fuego, mas
"nosotros" lo vertimos
como rabia. *"Traduttore
traditore."* Inútil intento —
oxidado, roto. Pero allí está.
"Eran las cinco en punto de la tarde."
Estadísticas indeseables; ¿hay

que ser "realistas"? Pobre
papá: « *Madame Vauquer, née
de Conflans, est une vieille femme
qui, depuis quarante ans,
tient à Paris une pension
bourgeoise...* ». Hoy en día,

¿a quién le importa? ¿Habrá
otros que muchos años después
recuerden lo "torcido" frente
a un pelotón de fusilamiento?
La libertad es una palabra
esculpida en una estatua.

The Smile of Pericles

At the scene of the "accident"
The sibylline smile of Pericles
Pierces the sky without
Uttering a word: Fascinating
Fables nourished by hunger.

The guerrilla is dead, however.
We're not required to believe
All the news. The blood is there,
Though—just a symbol on the shallow
Homeland's banner, that same bright

Red also running through scores
Of nineteenth century pulp
Novels. Perhaps we were never
Subjected to a sentimental
Education. No matter.

For what shall it profit a man
To gain his soul if he loses
The whole world? Remember: In
The beginning was the verb
Even though others translate

It as "the word." Flames came out
Of the nose of Elohim, although
"We" render it as rage.
«*Traduttore traditore*».
Fruitless, corroded, ragged

Endeavor. But there it is.
"It was five o'clock on the dot..."
Unsolicited statistics;
Must we be "realistic"?
Poor Father, really: « *Madame
Vauquer, née de Conflans, est
Une vieille femme qui, depuis
Quarante ans, tient à Paris
Une pension bourgeoise...* ». Who gives
A damn today? Many years

Later, will there still be
Others who remember "bents"
Facing the firing squad?
Freedom is just another word
Sculpted into a statue.

Píndaro en el espejo

> *Do not against all comers let break the word*
> *that is not needed.*
> *There are times when the way of silence is best; the*
> *word in its power can be the spur to battle.*
> —Pindar of Thebes (tr. R. Lattimore)

No es necesario que la palabra
habite entre nosotros,
dijo Píndaro, y no cito;
es preferible el encomio de la risa

(y no río);
acaso la palabra
en acicate, dijo, ha de
convertirse en la batalla.

Díjolo. ¿Lo dijo?
El silencio es preferible.
¿Lo es, Píndaro, lo es?
¿El mundo? Tú no lo sabías.

Es inmundo
y sólo la palabra
estructura su ficción.
La página está muerta.

A tu frágil robustez yo le doy la vida.
En mí vives
cuando yo te ofrezco mi lectura
(a lo mejor equivocada), y no cito.

No es necesario que la palabra
habite entre nosotros
si nosotros le devolvemos
la muerta vida.

Pindar in the Mirror

> *Do not against all comers let break the word*
> *that is not needed.*
> *There are times when the way of silence is best; the*
> *word in its power can be the spur to battle.*
> *—Pindar of Thebes (tr. R. Lattimore)*

It's not required that the word
Dwell in our midst,
Pindar said, and I'm not quoting;
Laughter's praise is preferred
(And I'm not laughing);
Perhaps the goading
Word, he said, should be
Turned into a battle.

Said he. Did he say it?
Silence is preferred.
Is it, Pindar, now is it?

The world? The world
Is disorder. You weren't
Aware of that. It's unclean
And only the word
Constructs its fiction.
The page is dead. I breathe
Life to your frail strength.

You live through me when
I offer you my reading
(A wrong one, perhaps),
And I am not quoting.

It's not required that the word
Dwell in our midst
If we give dead life
Back to it.

Taínos

Tus manos largas prefiguran tus talentos. Cuidadosamente desenvuelves tus figuras precolombinas aunque la situación parezca insostenible. Al fondo se oye el "Agúzate" de Richie modulando la sabiduría de una lengua argótica que se regodea en lo avispado de la burla, en el desenfado altanero del boricua citadino. Tu gliptoteca particular ahora brilla espectral bajo las luces fluorescentes. Me sonríes dubitativo, tanteando las figurillas como incitándolas a que cobren vida propia. No sé qué responderte. *"Three quarks for Muster Mark"* se me escapa de los labios. Tal vez el silencio, la soledosa solicitud de tu sabiduría. Tu mirada me interroga y digo "Joyce" por salir del paso, sin saber si todo esto tiene sentido. No quiero que te enfades, no quiero destruir este momento perfecto. Mi rostro inclinado sobre el tuyo analiza las figuras indígenas bajo la luz glacial de la lámpara. "Son grotescas", te digo mientras beso tus manos de "El caballero de la mano al pecho".

Tainos

Your talents are foreshadowed by your bony hands. You unwrap your pre-Columbian figurines carefully, even though the circumstances seem untenable. We can hear Richie Ray's "*Agúzate*" in the background, modulating the wisdom of a slangy prose that rejoices in the clever gibe, in the arrogant self-assurance of a Puerto Rican city slicker. Presently, your private collection shines eerily under the fluorescent lights. You smile at me hesitantly, groping the statuettes as if provoking them to come alive. I don't know what to tell you. "Three quarks for Muster Mark," I mumble without thinking. Perhaps silence, your insight's solitary solicitude. You look at me trying to make heads or tails, and I say "Joyce," trying to get out of this fix, not even knowing if any of this makes any sense. I don't want to upset you, don't want to ruin this perfect moment. Leaning over you, I scrutinize the indigenous figurines under the lamp's glacial light. "They're grotesque," I say, while kissing your "Knight Taking an Oath"-hands.

El forastero

Wie, wenn ein Mensch sich nicht erinnern könnte, ob er immer 5 Finger, oder 2 Hände gehabt hat? Würden wir ihn verstehen? Könnten wir sicher sein, daß wir ihn verstehen?
—Ludwig Wittgenstein, Über Gewissheitt, 157

¿Conoces al otro? No tiene dos manos ni diez dedos pero vive con nosotros. ¿Te es tan difícil conocerle, tal vez amarle? Sus murmullos te perturban y no puedes comprenderle. Habla de mares y laderas pero no puedes imaginarlos; tus ojos se cierran tercamente. Sin embargo, su lenguaje es el tuyo y su olor te recuerda al de tu infancia: las acacias florecidas en un verano sin retorno. ¡Mírale! Es él, habitando entre nosotros. No le cierres tu tinglado; él comprende sin palabras sin recordar su diferencia. Esa mirada de soslayo sólo tergiversa el texto. ¡Ámale! Solamente tus latidos te permitirán comprenderle.

The Alien

Wie, wenn ein Mensch sich nicht erinnern könnte, ob er immer 5 Finger, oder 2 Hände gehabt hat? Würden wir ihn verstehen? Könnten wir sicher sein, daß wir ihn verstehen?
—Ludwig Wittgenstein, Über Gewissheitt, *157*

Do you know the other? He doesn't have two hands or ten fingers but lives among us. Is it so difficult to get to know him, perhaps to love him? His whispers upset you and you can't understand him. He speaks of seas and hillsides but you can't imagine them; you close your eyes stubbornly. Still you share his language, and his scent brings back your childhood: the acacias in bloom in a forever-gone summer. Look at him! It's he, dwelling amongst us. Don't cut him off; he understands without words, oblivious of his difference. That sidelong glance will just distort the text. Love him! Only your heart beats will allow you to understand him.

Claudicaciones

> *The awful daring of a moment's surrender which an age of prudence can never retract.*
>
> —T.S. Eliot

Tu recuerdo reposaba velado en los recovecos del olvido postergado, en la savia de los años aletargados, en la desidia de los suspiros inconscientes y en uno que otro poema extraviado o relegado al polvo comprensivo de una gaveta olvidada o a un libro perdido o agotado. Acaso era difícil recordar un sentimiento.

Sólo el *pentimento* de Velázquez, observado al desgaire, enfocó un desgano que insistía en adaptar la complacencia. El arcabuz y la pierna de Felipe IV proyectaban un halo arrepentido, un espectro que vaticinaba mejores augurios. Tu adolescencia se abrió paso a trompicones, estabas de nuevo allí, como si nada hubiera sucedido, como si el tiempo fuera una imagen congelada pero viva ofreciéndonos una segunda oportunidad en la imprudencia.

Era el olor de los cuerpos jóvenes que se impregnaba en las sábanas, que revoloteaba tozudamente por las cuatro paredes de caoba de mi cuarto. En la saliva de un primer beso, descubierto luego de una lucha sin cuartel de nuestros cuerpos desnudos, supiste definir en la inconstancia de los latidos algo inmancable en las noches lluviosas que ambos deseábamos fuera duradero, tal vez eterno, en la inexperiencia de un amor que se nominaba a sí mismo ante las trifulcas agrias de los limoneros.

Siempre quise reconstruir tu rostro: se percibía algunas veces un temblor exquisito en tus lóbulos; tus ojos miraban desganados a la vida, como atravesando expansiones acuáticas en donde ambos podíamos vernos desde adentro; quizá tus labios modulaban sones inconexos pero que me sumían en un estupor al que tu aliento le aportaba malvas exóticas.

Mi lengua recorrió tus sudores hasta bordear de besos tus vellos incipientes y entregarte en mi saliva la epifanía de los pálpitos, la extraña sensación de una luz iridiscente perforando indómita mis retinas ya violadas, mi cuerpo exangüe.

Al mordisquearnos irredentos con una pasión que desbordaba las rutas acuáticas del fervor sangriento, supimos brincar en el aire atosigante de la tarde, restregándonos en las luces titilantes de nuestros cuerpos jóvenes, espejeando como delfines en la eterna entrega de un diluvio.

Capitulations

> *The awful daring of a moment's surrender which an age of prudence can never retract.*
>
> —T.S. Eliot

My memory of you was resting in the twists and turns of a deferred forgetfulness, in the sap of lethargic years, in the indolence of unconscious sighs, and in one or two misplaced or shuffled away poems collecting the forgiving dust of a forgotten drawer, or in a lost, or out-of-print book. Perhaps, it was difficult to remember a feeling.

Just Velázquez's *pentimento*, observed with a distracted eye, focused on in a weariness that insisted on adapting complacency. The arquebus and Philip IV's leg were projecting a remorseful halo, a specter foretelling better omens. Your youth forced its way through, and you were here once again, as if nothing had happened, as if time were a frozen, although live, image, offering us a second opportunity in recklessness.

It was the scent of youthful bodies permeating the bed sheets, doggedly fluttering around the four mahogany walls of my bedroom. Through the saliva of a first kiss, which we discovered after a fight to the finish of our naked bodies, you managed to define, in the unsteadiness of our heartthrobs, something infallible in the rainy nights that both of us wanted it to be durable, perhaps everlasting, with the callowness of a love naming itself before the bitter squabble of the lemon trees.

I always wished to be able to reconstruct your face: Sometimes, it was possible to detect an exquisite tremor in your earlobes; your eyes looked at life with apathy, as if they were crossing water expanses wherein both could see each other from within; perhaps your lips were modulating unrelated melodies that, notwithstanding, were sinking me into a stupor, to which your breath was infusing exotic mallows.

My tongue traveled over your perspiration until reaching your budding down and, kissing its surroundings, I deliver to you enveloped in my saliva the epiphany of our throbs, the strange sensation of an iridescent, wild light perforating my already ravished retinas, my bloodless body.

Biting on each other without regrets, carried over by a passion overflowing the aquatic routes of a bloody fervor, we managed to jump in the midst of the overwhelming air of the afternoon, rubbing each other in the flickering lights of our young bodies, glimmering like dolphins in the eternal delivery of a deluge.

Interior holandés

Otros días salta la vara rabdomántica: nos volvemos excesivamente tiernos. Jugamos con Mickey Joe traspasándonos en su crujir de oso los más elementales regocijos. Él nos mira impávido sin saber cómo reaccionar. Vicariamente nos desmadejamos en un déjame-estar goloso atiborrado de caricias y palabras dulces. Entonces miramos a la luna. Esta noche nos parece hermosa, probablemente única. No se dan notas discordantes ante un hogar caldeado que nos recuerda aquellos hipocaustos romanos sobre los cuales alguna vez leímos juntos en la *Enciclopedia británica*. Probablemente creemos que desembocamos en un sueño en donde nuestras queridas mujeres nos ofrecen una vez más la seguridad de la infancia.

El elemí del baúl lo encontramos suntuoso; la yema del dedo se estremece al tocarlo. Todo se vislumbra hermoso, lleno de matices, como si estuviéramos de nuevo en los años sesenta bajo el influjo de un hongo mágico. Volvemos a abrazarnos y cuestionamos con deleite nuestro amor inconmensurable. Nos damos un beso antes de acostarnos.

Dutch Interior

There are other times when the rhabdomantic rod just jumps off the floor and we become extremely affectionate. We then play with Mickey Joe, who rubs off on us through his Teddy-bear rustling the most basic joys. Undisturbed, he stares at us, not really knowing what to do. We let ourselves go vicariously, just lying there deliciously, full of caresses and sweet nothings. Then we watch the moon. Tonight, it looks particularly beautiful, perhaps with shades of blue. No faux pas in front of a warm hearth which reminds us of those Roman hypocausts about which we once read together in the *Encyclopedia Britannica*. We sort of believe we're flowing into a dream in which our beloved women offer us once again the safety of our long-gone childhood.

We find the trunk's elemi magnificent; our fingertips quiver when we touch it. Everything appears to be gorgeous, full of delicate hues, as if we were back in the sixties under the influence of magic mushrooms. We hugged one more time and question with pleasure our incommensurable love. We kiss each other goodnight before turning off the lights.

Los campos de Marte

> ...that attractive rainbow that rises in showers of blood —
> that serpent's eye that charms to destroy.
> —*Abraham Lincoln*

> Patriotism is the last refuge of a scoundrel.
> —*Samuel Johnson*

Al surgir el mancebo de la selva,
su rostro imberbe embadurnado mira
azaroso la fusca confluencia:
el fusil apunta con temor, nada
le asegura la validez, la justa
medida de su sacrificio; el sol
calcina sus designios, los tremores
de la tierra se aúnan a su cuerpo,
e insiste en avanzar, la patria llama
al concepto equivocado, el rumor
del enemigo lo alucina, ebrio
arremete mancillando el tricolor
hermano y pisando en falso, su cuerpo
hermoso y virgen salta en mil pedazos.

Field of Mars

> *...that attractive rainbow that rises in showers of blood —*
> *that serpent's eye that charms to destroy.*
> *—Abraham Lincoln*

> *Patriotism is the last refuge of a scoundrel.*
> *—Samuel Johnson*

Coming out of the jungle, his smeared,
Hairless face, the young man fearfully
Looks at the dusky fork in the road:
Shaking, he points his rifle – nothing
Guarantees him the worthiness, the
True magnitude of his sacrifice;
The sun singes his intentions, the
Tremors on the ground become one with
His body, and he insists on moving
Forward, his country is deceivingly
Calling, enemy rumbles daunt him;
Deranged, he attacks, staining his brothers'
Flag and, stumbling, his gorgeous, virgin
Body blows up into smithereens.

Óptica infinita

Tus ojos que interpretan cataclismos
Tus ojos que vibran en lo incierto
Tus ojos que narran lo inaudito
Tus ojos que titilan exhaustos
Tus ojos que merecen el descanso
Tus ojos que temblaron con mi cuerpo
Tus ojos que despertaron la crisálida

Tus ojos, bóvedas marinas
Tus ojos, cilicio de mis noches
Tus ojos, lucha de delfines
Tus ojos, buril de mi romanza
Tus ojos, aguijón de mi lujuria
Tus ojos, yunque de mi entrega
Tus ojos, ocarina en la pirámide
Tus ojos, miel de mi amargura
Tus ojos, picaflor en desenfreno
Tus ojos, artífices de mi sino
Tus ojos, centauros de mis bosques
Tus ojos, karma de mi cuerpo
Tus ojos, seductores de nenúfares
Tus ojos, narcisos sorprendidos,

reflejan mi vida en un instante
fugitivo que sólo me nombra

cuando callas, tus ojos que
marcan mis senderos tortuosos,
desnudos escondidos en el puerto,
labio a labio, cuerpo a cuerpo,
tus ojos que ahora se cierran para siempre.

Infinite Viewpoint

Your eyes which interpret cataclysms
Your eyes which quiver with uncertainty
Your eyes which narrate the unheard-of
Your eyes which twinkle exhausted
Your eyes which deserve to be resting
Your eyes which trembled with my body
Your eyes which awakened the chrysalis

Your eyes, ocean vaults
Your eyes, hair shirts of my nights
Your eyes, struggles among dolphins
Your eyes, burins of my aria
Your eyes, spurs for my lust
Your eyes, anvils for my surrender
Your eyes, ocarinas in the pyramid
Your eyes, honey for my bitterness
Your eyes, unbridled hummingbirds
Your eyes, architects of my destiny
Your eyes, centaurs in my forests
Your eyes, karma of my body
Your eyes, charmers of water lilies
Your eyes, narcissuses taken by surprise,

Reflect my life in a fleeting
Moment that only names me

When you fall silent, your eyes which
Mark off my winding paths,
Hiding nakedly in the port,
Lip to lip, hand to hand,
Your eyes which are now forever closing.

A la sombra del volcán

Explicabas con precisión las filas
de indígenas que aguardaban con
paciencia frente a un banco. Había
venido de visita a este país tuyo
que se sumía en la miseria. No
se vislumbraban soluciones y
la poesía para casi nada nos servía.

Descendimos a la selva como ejercicio
saludable, los mosquitos acechaban
y te sentiste admirado por mi agilidad
con el machete desbrozando la manigua,
y el sudor que humedecía nuestros
rostros mostró el deseo agazapado
en los muslos y en los labios silenciosos.

En la algarabía sin fin, la lujuria pasó
inadvertida por los compañeros
y nuestras risas forjaron hermandades
en medio del desorden, ascendiendo
por la pendiente hacia la sombra del volcán.
El villorrio había acogido a forasteros
que ahora comerciaban con sus jerigonzas.

Con los cuerpos sudados, recogimos
las toallas y nos dirigimos a los baños
donde sus tres cuencas nos recibieron
con sus aguas frías, tibias y calientes
que descendían rumorosas con el fuego
del volcán, en el barrunto de la postergada
comunión, en el beso tembloroso del adiós.

In the Shadow of the Volcano

You were accurately explaining the lines
Of Indians patiently waiting in front
Of a bank. I had come to visit this country
Of yours that was plunging into
Grinding poverty. There were no
Solutions in sight, and poetry
Was of almost no use to us.

We went down to the jungle as a healthy
Exercise, mosquitoes were lurking in the dark,
And you were amazed by my dexterity
With the machete clearing the jungle,
And the sweat, moistening our faces,
Showed the hidden desire
On my silent lips and thighs.

In the endless bustling, lust went
Unnoticed by our fellow travelers,
And our laughter built up fraternity
In the midst of chaos, climbing
The slope towards the volcano's shadow.
The hamlet had welcomed foreigners
Who now plied their trades in their native tongues.

With our bodies covered with sweat, we picked
The towels up and went to the baths
Where their three basins welcomed us
With their cold, warm, and hot waters
Noisily descending with the fire
From the volcano, in the feeling of the deferred
Communion, in the shivering kiss of our goodbyes.

Las peregrinaciones

El poeta no recuerda, vive
en el oropel del infundio:

en su sonrisa con caries, en sus odios
vespertinos y en el abandono insulso.

En la balsa de Zhōnghuá, el poeta
creyó por muchos años en los

pronombres equivocados. Era
muy fácil engañarse a sí mismo.

El poeta vivía ensimismado;
sus traducciones eran ilegibles.

Sumido en el mutismo, su mujer
amanecía con moretones, pero

el jardinero atestiguaba lo contrario:
esa ternura agazapada, ese amor inconfeso.

Cuando el poeta pudo masticar
el azul de las caricias sin vergüenza,

catalizó su regocijo en la plúmbea
curvatura y encontró la voz

truncada de su ideario:
la carne del adolescente

iluminó sus decenios de silencio.
No obstante, la inquina repudiada

por sus carnes fláccidas no logró
impedir que los rencores florecieran:

después de colocar su imagen sobre la portada
el efebo apareció acribillado en una cuneta.

Pilgrimage

The poet doesn't remember,
He feeds on the idiocy of lies:

In his rotten smile, in his dark
Hatreds, in his weary desolation.

On the raft of Zhonghua, the poet
Believed for many years

In the wrong pronouns. He found it
Very easy to deceive himself.

The poet lived immersed in his thoughts;
His translations were obscure.

Lost in silence, his wife
Would wake up with bruises, but

Their gardener testified to the contrary:
That hidden tenderness, that unconfessed love.

When the poet was able to chew
The blue caresses without shame,

He fueled his joy on the leaden
Curve and discovered the suppressed

Voice of his ideology:
The teenager's body

Brightened his decades of silence.
And yet, the hate disowned

By his flabby flesh didn't manage
To prevent the rancor from blossoming:

After placing his picture on the cover of a book
The youth was found riddled with bullets in a ditch.

La noche de los cuchillos largos

Cuando las cigarras despertaron del largo sueño,
la luna brincoteó entre los arbustos y la garúa
      humedeció
los árboles de casas silenciosas en la alborada inerme:
Samir imaginaba con regocijo su futuro incierto
aunque promisorio. Cabalga en su Suzuki negra, ríe
con tintes de nostalgia, saboreando el amor perdido
y recobrado en los susurros de la entrega.
¿Cómo ayudar a los vulnerables? La paz
lograda a trompicones desbrozaba los senderos
y el horizonte se abría gozoso hasta el infinito—
no sólo edil sino licenciado en la búsqueda
      inaudita
de lo justo. Al parecer todo era posible.

Junto a la reja de su casa le esperaba Henry entre
las sombras. Samir desciende aún encandilado
por sus grandes ilusiones y se acerca sin recelos
al portal. La luna ilumina las llaves
      por un instante
y de improviso siente el golpe que le impulsa
hacia las tinieblas y le arroja contra el suelo.
Sus súplicas se diluyen en la noche: el cinto
le aprisiona el cuello y con fuerza el agresor
le arrastra con premura a la serena morada—
por su cuerpo desposeído caminan siete puñaladas
y el eco de sus gritos de horror fecunda el aire.

El asesino huye por el techo hacia la noche.
Sólo que al fin ayer la paz había sido acordada
y súbitamente las entrañas oscuras de los enemigos
afilaron sus largos cuchillos para coser a saltos
tanto a vulnerables como a incautos en la marcha firme
e interminable de la marabunta: armas blancas
atraviesan cuerpos desvalidos durante la cosecha
de la sombras y la sangre rebosa las praderas. Joel
David y José Luis caerían junto con trescientos otros
y la muerte logró enseñorearse por todas las regiones:
torso, cuello, abdomen y extremidades, heridos
que se desangran en medio de alaridos, vidas
truncas por la intolerancia de los cuchillos largos.

A la memoria de Samir López Visbal

Night of the Long Knives

While the cicadas were waking up from the long sleep,
The moon was jumping around the shrubs, and
        drizzle was moistening
The trees of the quiet houses at the helpless dawn,
Samir rejoiced imagining his uncertain future,
Albeit promising. He's riding his black Suzuki, laughing
With a dash of nostalgia, savoring his lost
And recovered love in the whispers of his surrender.
How can he help the underdog? Peace,
Achieved by fits and starts, made its way,
And the horizon opened up joyfully towards infinity—
Not only a councilman, but a graduate in the
        amazing search
Of justice. Apparently everything was possible.

In the shadows, Henry was lying in wait
At the gate. Still dazzled by his flights of fancy,
Samir climbed down and assuredly walked
Toward the gate. The moon shined on the keys
        for a moment,
And he suddenly felt the blow that pushed him
Into darkness, throwing him onto the ground.
His pleas died down in the night: The belt
Squeezed his neck and the assailant forcefully
Dragged him hastily to the quiet home —
Seven stabs walked over his helpless body,
And the echo of his cries of horror pervaded the air.

The killer fled through the roof into the night.
Except the peace treaty had finally been signed yesterday
And, unexpectedly, the black bile of its enemies
Sharpened their long knives to skippingly stab
To death the vulnerable and the reckless ones in the steady,
Endless march of the militia: Cold steel
Cut through powerless bodies during the harvesting
Of shadows, and blood swamped the meadows. Joel
David and José Luis fell along three hundred others,
And death managed to reign in all the regions:
Torso, neck, abdomen, and limbs, the wounded
Bleeding out in the midst of screams, lives
Cut short by the intolerance of the long knives.

In Memory of Samir López Visbal

Casida del amor satisfecho

El cuerpo desnudo del adolescente
reposa sobre el diván dormido.
En la pequeña alcoba, caldeada
por el fuego del hogar, la luz
vespertina se filtra por el marco
de una ventana con hierros.
Libros y cuadros le rodean
y de la radio se escucha tenue
la *Suite bergamasque.*

                ¿Qué difusa
felicidad siente el mancebo
en la tarde invernal de la ciudad
desierta? Sus sueños flotan
por la cala de Port Lligat
donde conoció a su amante.
Ahora caminan por el sendero
pedregoso rumbo a Cadaqués,
donde la miel de sus cuerpos
les descubrirá la pasajera sombra
de un verano sin retorno.

¿Dónde estás, corazón mío, en qué
lugar remoto escondes tus donosos
labios? Ven a buscarme nuevamente,
regresa a la dehesa y al camino
de los abedules.

　　　　　El amante abre la puerta
de la alcoba y sorprende en su sueño
al adolescente. La perfecta armonía
de sus cuerpos espejea los rayos
mortecinos del crepúsculo sutil
en las llamas oscilantes del hogar.

La ansiosa expectativa de sus cuerpos
justificó, entonces, la entrega jubilosa.

Qasida of Requited Love

The teenager's naked body
Is resting asleep on the couch.
In the small bedroom, heated
By the fire from the hearth,
The twilight is coming through
The grilled window frames.
He's surrounded by books and paintings
And the *Suite Bergamasque*
Is almost imperceptibly heard on the radio.

                              What vague
Happiness is the young man feeling
On this winter afternoon
In the deserted city? His dreams are floating
Over the Port Lligat cove
Where he'd met his lover.
They're now walking the rugged
Trail on their way to Cadaqués,
Where the honey from their bodies
Will reveal to them the fleeing shadow
Of a summer of no return.

Where are you, sweetheart, in what
Secluded place are you hiding your
Gorgeous lips? Come look for me again,
Return to the meadow
And to the birchwood road.

                           The lover opens
The bedroom door and surprises the youth
In his dreams. The perfect harmony
Of their bodies reflect the fading
Rays of the subtle twilight
On the flickering flames of the hearth.

So the anxious anticipation of their bodies
Justified their joyful surrender.

Weather Underground

Esa noche en el Stonewall todos
hablaban del desastre. Rafael dijo
que al mediodía habían explotado
las bombas a una calle de su apartamento.
Alguien mencionó que Dustin Hoffman
había salido despavorido a la calle once:
el piso donde vivía con su familia
había quedado en escombros.

Al amanecer, caminamos por el Village
en busca del número dieciocho
en la calle once. Todo el frente
del Town House era un cascote.
Alguien mencionó que ésa había
sido la casa natal de James Merrill.

Después supimos que de los cinco
revolucionarios, sólo dos mujeres
habían salido ilesas. Pretendían
atacar a soldados en sus barracas
y a estudiantes en Columbia
University. Justo a las doce del día
todo marchó mal. Cansados
de las palabras, habían recurrido
a las acciones terroristas.

Años después Merrill hablaría
de ese jardín de su infancia. ¿Cómo
reconstruir ese Paraíso perdido,
ese huerto donde surgieron
sus primeros sueños? El rojo
carmesí sobre las dalias devastó
la savia maleable de sus sueños.

Weather Underground

That night at The Stonewall everyone
Was talking about the disaster. Rafael
Said that bombs had gone off at noon
A block away from his apartment.
Someone mentioned that Dustin Hoffman
Had come down in panic to Eleventh Street:
The floor where he lived with his family
Had been reduced to rubble.

At dawn, we crossed the Village
Looking for Number Eighteen
On Eleventh Street. The entire front
Of the Town House had collapsed.
Someone mentioned that James
Merrill had been born there.

Later on, we found out that
Of the five rebels, only two
Women had escaped unharmed.
They had planned to attack
Soldiers in their barracks
And students at Columbia
University. Exactly at twelve o'clock
Everything went wrong. Tired
Of words, they had turned to
Terrorist actions.

Years later, Merrill would write
About that childhood garden. How
To rebuild that Lost Paradise,
That orchard where he had
His first dreams? The crimson red
On the dahlias devastated
the malleable sap of his dreams.

Existenz

Si observamos la tesitura de la esfinge
comprenderemos que de ella no resulta
la tibia confrontación de las tragedias:
los caminantes se someten al ritual
como justificación a su pesarosa vaciedad.

Debemos asumir la totalidad de la conciencia,
los objetos circundantes, el mundo mismo,
si queremos ser auténticos, alcanzar la absoluta
libertad ante las múltiples posibilidades.
Los conflictos nos burilan en la larga noche,

el sufrimiento forja la sensible armadura
que con tentáculos nos acerca al otro,
esa dúctil cadena de circunstancias
donde la empatía sustenta el conocimiento:
el azar se contempla en la tropelía

y surgimos redivivos ante el vacío
sin culpa, ante la contundencia maleable
de la muerte. Somos libres cuando
vivimos en la conciencia del instante,
en la sabia decisión de las posibilidades.

El viejo zorro lo enunció: "todo es
esencialmente real para mí sólo
por virtud del hecho que soy yo mismo".
Vives en tus situaciones límites. La culpa
cesa de existir en la templanza del saber.

Siempre vivimos en el horizonte de nuestros
conocimientos. "Nos confían la existencia como
el locus donde se realizan nuestros orígenes."
O caemos en la nada o accedemos a la total
filosofía que se enseñorea de las eventualidades.

Existenz

If we look at the sphinx's mood
We'll understand that the indolent
Confrontation of tragedies doesn't come
From her: Travelers submit to the rite
As a justification for her mournful emptiness.

We must take on the totality of consciousness,
The surrounding objects, the world itself,
If we want to be authentic, to achieve absolute
Freedom in the presence of multiple possibilities.
Conflicts chisel away at us in the long night,

Suffering shapes the sensitive armor
Which brings us closer to the other with its
        tentacles,
That malleable chain of events
Where empathy sustains knowledge:
Fortune is examined in the outrage,

And we emerge revived before nothingness,
Without guilt, in the face of the yielding
Force of death. We're free when we live
In the awareness of the instant,
In the wise decision of possibilities.

The old fox said it: "Everything is
Essentially real to me only
By virtue of the fact that I am myself."
You live in your extreme situations. Guilt
Ceases to exist in the discipline of erudition.

We always live on the horizon of our
Knowledge. "They entrust existence to us as
The locus where our origins are made."
Either we fall into nothingness or we access the total
Philosophy that takes control of contingencies.

La estrategia de la araña

En la firma del tratado se cifraban los sueños de las tropas, pues en los devaneos de líderes y domadores se marcaban los portentos de los senderos incógnitos, de los sacrificios de las noches insomnes y de las perennes guardias sin lesión ni menoscabo. ¿Dónde habían quedado las palabras, las promesas, esa hermosa labia de los picos de oro? De regreso de la isla, en la euforia de los días fulguraba la posibilidad hasta ahora remota de retomar la vida en la ciudad y el campo, de la audacia intelectual de compartir el sustento de las doce en debates constructivos con sus antiguos contrincantes. Qué hermoso parecía el conocimiento constante, la posibilidad de cumplir una vocación con la alegría de la familia en las noches de quietud y concordia. Qué lejos quedaba ya la manigua, la confusión y el miedo en las veredas, el trastorno colectivo del desorden. ¿Qué les quedaba ya sino el retozo, la perfecta comunión con el sosiego, la simétrica presunción del equilibrio? Los atardeceres parecían tan placenteros al lado de la madre, de la esquina de la infancia, del prodigio de las amistades incólumes. Pero no pudo ser. Habían cebado al jaguar. Tendidas las trampas, la araña fue tejiendo su tela infinita hasta devorarlos a todos. Las masacres que habían sufrido sus ancestros habían sido olvidadas con presteza con el júbilo y uno por uno cayó abatido. El sueño se había convertido en pesadilla.

The Spider's Stratagem

All the troops' hopes were put in the signing of the treaty, since the leaders' and the tamers' idle pursuits were set on the wonders of unknown trails, on the sacrifices of sleepless nights, and on the endless vigils, without injury or prejudice. Where did the words, the promises, the art of the gab of the silver-tongued impostors go? Back from the island, those thrilling days shone with the until-now remote possibility of resuming life in the city and in the countryside, with the intellectual temerity of breaking bread at noon while having constructive discussions with their former adversaries. How beautiful it seemed the constant search for knowledge, the possibility of fulfilling a calling with the joy of family on nights of solace and harmony. The jungle, the confusion, the fear on the trails, and the collective upheaval of disaster – how far behind they had been left. What were they left with but cavorting, the perfect harmony with tranquility, the symmetrical assumption of balance? The sunsets seemed so pleasant close to mother, to their childhood's street corner, to the miracle of safe friendships. But it wasn't meant to happen. They had baited the jaguar. Once the traps were set, the spider wove its boundless cobweb until it ate them all up. The massacres suffered by their ancestors had been quickly forgotten with the merriment, and they were shot down, one after the other. The dream had become a nightmare.

El nombre de las cosas

Siempre existe algo que no marcha con la realidad de las cosas.
Si miras el ocaso y no comprendes el viaje que a punto estás
de emprender, tal vez sea necesario recoger tus pasos,
acaso recordar cómo era el cielo que se sumergía en el océano
como la tinta indómita de un pulpo desquiciado. No sientes
hoy en el recuerdo el grito ahogado del disturbio ni el reflujo
de un don inconfeso: comprendes la pluralidad de voces
y la marcha indefectible de tus jugos, o saltas o mueres
o vives o triunfas, pero el mundo allí continúa, ajeno en su
cercanía de abismos, con los ecos de múltiples ofertas
y las renuncias de canículas en los estertores de la cúspide,
o tal vez con el llanto incomprensible y hosco que hace posible,
finalmente, el conocimiento histórico de tu realidad.

Cada hecho es posible interpretarlo y
>   reinterpretarlo
de múltiples maneras, porque es necesario que sepamos
lo que es la razón y cómo alcanzarla: la existencia
>   subvierte
la verdad, ocultándola, desplazándola, suprimiéndola.
Sin embargo, no comprendes la
>   acuciosidad de sus
desempeños (ese rito inveterado de su
>   muda elocuencia)
ni los conflictos de los diversos significados.
>   El mundo
ocupa los espacios de la mente: mi auténtico yo,
no puedo poseerlo, porque la realidad es presente
como transición. Estamos solos. En medio de la
>   libertad
absoluta de la noche, en el gesto decidido de la
>   desposesión,
en la ausencia irrecordable de ataduras, fetiches y
>   estirpes,
el alba anuncia, en el incendio glacial de los arreboles,
el fin ineludible de nuestra larga noche y el inicio
>   de la paz.

The Name of Things

There is always something that doesn't work with
    the reality of things.
If you look at the sunset and don't understand the
    journey which you are
About to undertake, it may be necessary to retrace
    your steps,
Perhaps to remember how the sky used to dip
    into the ocean
Like a deranged octopus's indomitable ink.
    Today, you don't feel
In your memory the muffled cry of disturbance or
    the reflux of
A secret gift: You understand the multiplicity of
    voices
And the unrelenting flow of your juices — either
    you jump or die
Or live or succeed, but the world carries on, aloof
    in its
Abysmal proximity, with the echoes of manifold
    offerings
And the abdications of dog days on the climax of
    death rattles,
Or, perhaps, with the unintelligible, sullen wailing
    that makes possible,
At long last, the historical knowledge of your
    reality.

It's possible to interpret and reinterpret each and
    every fact
In dissimilar ways, since we must know
What reason is and how to achieve it: Existence
    subverts
The truth, hiding it, displacing it, eliminating it.
Nonetheless, you don't understand the
    meticulousness of their
Performance — that eradicable ritual of their
    silent eloquence —
Or the struggle between competing meanings.
                        The world
Occupies the spaces of the mind: My genuine self,
I cannot possess, because reality is present
In transition. We are alone. In the midst of the
    absolute
Freedom of the night, in the resolute gesture of
    dispossession,
In the forgotten absence of ties, fetishes, and
    lineages,
In the glacial fire of the sunglows, dawn heralds
The unstoppable close of our drawn-out night
    and the onset of peace.

Ninnananna

En la madrugada, un rayo había
sacado de raíz al limonero.
Las gotas brillaban en las plantas,
la taracea relumbraba con el sol
naciente, la música cansina inundaba
las peceras y el turpial rompía el silencio.

En las sombras, surgía la pantalla,
colosal y blanca. Los murmullos,
los ruidos de utensilios, el chasquido
de las llamas, el aroma del café, el perfume
del pañuelo y la fecundidad del silencio
auguraban el inminente desenlace.

Los gritos y sus contorsiones
dificultaban el parto, largo y
postergado, el último de cinco, luego
de nueve años de sosiego, cuando ya
nadie lo esperaba: la enfermera enjugó
la frente del médico en el desasosiego.

En la segunda planta, en medio de gavetas
con recortes de periódicos, de proyectores
Bell & Howell apuntando a la pantalla del patio
de árboles, pájaros y peces, y de los carretes
de *El filo de la navaja*, el hermano mayor
ensaya la función de Cine Hogar.

A las ocho, el médico corta el cordón y acoge
ensangrentado al niño enjuto y pálido.
El silencio vuelve a fecundar las voces.
¿Dónde estaba el grito, testigo de la vida?
Sus pocas carnes se volvieron malvas
y un rayo de luz traspasa la perplejidad.

La enfermera ofrece una vasija de agua helada,
el médico le zambulle por los calcañales
y, en los estertores, la vida desgañita
los pulmones, la rosa besa la piel
y el silencio vuelve a enseñorearse.
Luego el llanto obstinado de los arreboles.

La tía corre al patio con el recién nacido.
En ese instante el hermano enciende
el proyector y en la pantalla surge
impecable el rostro de Tyrone Power.
Meciéndole, el niño mira embelesado
y con gratitud calla y sonríe enamorado.

Ninnananna

In the early morning, a lightning bolt had
Pulled the lemon tree out from its roots.
Driblets glistened on the plants,
The intarsia glowed with the rising
Sun, the overpowering music flooded
The fishbowls, and the oriole broke the silence.

In the shadows, colossal and white,
The screen arose. The murmurs,
The utensil noises, the cracking
Of flames, the fragrance of coffee, the cologne
From handkerchiefs, and the pregnant pauses
Predicted the imminent outcome.

Her screams and contortions
Made the long, delayed delivery
Troublesome, her last of five, after
Nine years of repose, when no one
Was expecting him by now: The nurse wiped
The doctor's forehead in distress.

On the second floor, surrounded by drawers
Filled with newspaper clippings, Bell & Howell
Projectors pointing to the backyard screen
With trees, birds and fish, and *The Razor's
Edge* reels, the older brother
Rehearses the screening at Cine Hogar.

At eight, the doctor cuts the cord and welcomes
This bloody, skinny, pale child.
Silence is once again broken by their voices.
Where was that scream, witnessing life?
His scrawny flesh turned mauve,
And a beam of light transcended perplexity.

The nurse offers a washbowl of ice water,
The doctor plunges him in it by the heels,
And in his rales, life finally screams through
His lungs, pink kisses his skin,
And, once again, silence takes over.
Afterward, the stubborn wailing of the sunglow.

The aunt runs to the backyard with the newborn.
At that moment, the brother turns on
The projector and, on the screen, appears
The flawless face of Tyrone Power. While
Being rocked, the baby boy looks on spellbound,
And with gratitude, he hushes up, smiles, and falls
      in love.

Five Stone Wind

A Merce Cunningham.
A John Cage y Shirley Jackson, in memoriam

El destino presume de su sapiencia, aunque
cualquier proposición que trate de abarcarlo
todo nutre su simbiosis. *"I am the captain*
of my fate I am the captain of my fate I am
the captain of my fate", escribiste; el semáforo
enfría sus colores y por acaso llegamos
a Queens Borough Plaza. Desafortunadamente
no puedo ofrecerte un símbolo de la vida.

[El nombre, el significado y el símbolo los hallarás
con paciencia en la concha de una tortuga.]

El vidrio negro de una ventana inexistente
opaca en el tren el reflejo de la leyenda
que formula tus preguntas. El mundo deja de
existir indiferentemente. Es ambiguo y opaco

en su existencia; las premisas *muestran*

la forma "lógica" de la realidad. *"The captain*
of my fate. Laughter is possible laughter is
possible laughter is possible" en la muerte. El metro
llega a la estación y en la ventana espesa y negra

pesadillo tu figura: nos volvemos íntimos e
infames. La primavera ha irrumpido e imagino tu
reflejo en el vidrio negro. La dicotomía es
evidente: tu vecino es tu enemigo; tu casa

[El yang y el yin, en flujo perpetuo, ofrecerán las
combinaciones matemáticas *ad infinitum*. Es
      menester
recordar que cualquier lenguaje enmascara
      el pensamiento.
Estás allí, inmóvil, trasuntando el mundo como si a ti
perteneciese. Despierta. El mundo existe
      independientemente
de tu voluntad. Juega con los hexagramas, si es preciso,
mas abandona para siempre el nexo causal. No congeles
tu mirada si descubres que no hay contacto entre
      nosotros
porque todo aquello que engendra la certeza lleva en sí
el verbo. No insistas, abre tu mente y descansa.]

ha de ser una fortaleza, no un hogar.
      Epistemologuemos
con los parámetros falsos de la "psicología".

["La teoría del conocimiento es la filosofía
      de la psicología."]

"It is possible." Hasta que eso suceda, no importa
el nombre que le den a esta tierra. Absurdo,
non sequitur, un *"scorcio sintatico incongruo
con risultato di condensazione".* Es imperativo

[Calla, ahora calla. No podemos inferir los sucesos
del destino de las circunstancias del presente. Un
      beso
negará la tautología adormecida en los recodos
      de tu mente.]

que llegue a tiempo a mi traición traductora.
"Nam-miojo-rengue-quio" — un acto me enuncia,
      me define,
me limita: un beso macarrónico en la tetilla repleta
con la ambrosía de un titilante *Loto Sutra. "Possible
is laughter possible is."* Hay cinco puntos que repiten
el azar: *". fate my of captain the am I"* Acaso me traes
alucinado con el reflejo fragmentado de tu rostro
      que se torna
lenguaje variopinto: la forma fenomenal de
      todo pensamiento.
¿Imagen o significado? Mis emociones son
      ambiguas
          al respecto.

[De nuevo a solas, hierática, lejana e imprecisa
esta soledad que nos une en un beso mordiente
de resquemores incipientes, de luchas intestinas.
No dices nada en tu ininterrumpida nostalgia.
Me observas en silencio, húmedos los labios,
manchada la sonrisa, y un temblor, escasamente
perceptible, se apodera de tu rostro.]

Nuestros rostros se reflejan efímeramente en la ventana
opaca y desaparecen sin trascendencia.
       Trascendencia impuesta
en una tierra sin nombre en donde el hexagrama
       de pueblos
hermanos es alimentado por el odio. Odio prístino
       engendrado
en el contubernio del desierto. Desierto ahora en donde tu

[Son discontinuos estos diversos modos del ser.
Tu cuerpo suda, inseguro de sus propios jugos,
y me observas en silencio. Tus labios tiemblan.
Estas ganas de vivir me están matando, y mirando
al vacío, te miro en el espejo cuando te adueñas de mí.]

vecino es tu enemigo; tu casa, una fortaleza mas no
       un hogar.
La secuencia de las estaciones se amilana con el regodeo
pernicioso del invierno y habríamos de hacer
       un sacrificio
propiciatorio en donde la sangre alimentase la tierra

desprovista, cuasi agonizante. Una epidemia precisa
de la desmitificación de una nueva esfinge. *"I am up
above the top, dancing in the light."* Es inútil intentar
fijar parámetros a nuestros desplazamientos; cuando
observamos al mundo lo miramos desde la perspectiva
de un pasado finito —inútil intentar comprenderlo o
comprendernos. No obstante la primavera se ha despertado.

De nuevo nuestros rostros se reflejan en esa ventana
obscura, indescifrable, inexistente. Nuestro amor es
reflejo de un pasado que se adentra en un presente
inconcluso, malsonante, incongruente. Cinco mutis
por el foro, cinco fugas de un escenario mal iluminado,
atiborrado de esquirlas de espejos rotos, destrozados,
destrozándonos. La disonancia de una sola mano aplaudiendo
prefigura el insólito y, sin embargo, previsible
desenlace. Ya no son necesarios aquellos "pasos para
lograr la convivencia". No habrá voceros oficiales
ni respuestas categóricas. Estamos solos.

*"I am the captain
of my fate I am the captain of my fate
I am the captain of my fate."*

*["Laughter is possible laughter is possible laughter
is possible."]*

Five Stone Wind

For Merce Cunningham
To John Cage and Shirley Jackson, in memoriam

Destiny boasts of its wisdom, even though
Any proposition trying to encompass
Everything feeds its symbiosis. "I am the captain
Of my fate I am the captain of my fate I am
The captain of my fate," you wrote; the traffic lights
Cool off their colors and by chance we arrive
At Queens Borough Plaza. Unfortunately,
I am unable to offer you a symbol of life.

[With patience, you will find the name,
The meaning and the symbol on a tortoiseshell.]

The black glass of a non-existent window
Eclipses in the train the reflection of the legend
Asking your questions. The world ceases to
Exist indifferently. It is ambiguous and opaque

In its existence; the premises show

Reality's "logical" ways. "The captain
Of my fate. Laughter is possible laughter is
Possible laughter is possible" in death. The subway
Arrives at the station and in the black, thick window

I nightmare your shape: We become infamous and
Intimate. Spring has awakened and I imagine your
Reflection on the black glass. The dichotomy is
Evident: Your neighbor is your enemy; your house

[The yang and yin, in perpetual flow, will offer the
Mathematic combinations ad infinitum. It is
    imperative
To remember that any language masks the
    thoughts.
You are there, motionless, summarizing the world as if
It belonged to you. Wake up. The world exists
    independently
From your will. Play with hexagrams, if you must,
But forever forfeit the causal link. Do not freeze
Your gaze if you discover there is no contact
    between us
Since anything begetting certainty is carrying
The verb. Do not insist, open your mind and relax.]

Must be a fortress—not a home. Let us
    epistemologize
With the false parameters of "psychology."

["The theory of knowledge is the philosophy of
    psychology."]

"It is possible." "Until that happens, it doesn't matter
What they call this land." Absurd,
Non sequitur, a "*scorcio sintatico incongruo
Con risultato di condensazione.*" It's imperative

[Quiet, quiet now. We cannot infer destiny's
Events from today's circumstances. A kiss
Will deny the tautology asleep in your mind's
        meanders.]

That I arrive on time for my translating treacheries.

"*Nam Myoho Renge Kyo*"—an act enunciates me,
        defines me,
Limits me: A macaronic kiss on the nipple replete
With the ambrosia of a titillating Lotus Sutra.
        "Possible
Is laughter possible is." There are five repeating
        points
In chance: ".fate my of captain the am I" Perhaps
        you are
Hallucinating me with the fragmented reflection
        of your face turning
Into a variegated language: The phenomenal form
        of all thoughts.
Image or meaning? I'm afraid I have mixed
        feelings.

[Alone again, hieratic, distant and undefined
This solitude joining us in a biting kiss
Of incipient stings, of internal struggles.
You say nothing in your unrelenting nostalgia.
Wet lips, stained smile—you
Watch me, and a tremor, barely
Perceptible, takes hold of your face.]

Our faces are briefly reflected on the opaque
Window and disappear without transcendence.
       Transcendence imposed
On a nameless land wherein the hexagram of
       kindred
Peoples is fed by hatred. Pristine hatred
       begotten
Cohabitating in the desert. The same desert where your

[These diverse modes of being are discontinuous.
Your body sweats, unsure of its own juices,
And you watch me in silence. Your lips quiver.
This desire to live is killing me, and looking at
The vacuum, I see you in the mirror, slaving me.]

Neighbor is your enemy; your house, a fortress,
       not a home.

The sequence of seasons dies down when winter
       lingers on
Viciously and we should make a propitiatory
Sacrifice by way of which blood would feed the arid,

Almost waste land. A plague requires the
Demythologization of a new sphinx. "I am up
Above the top, dancing in the light." It's useless
Trying to establish parameters to our shifts; when
We observe the world we see it from the perspective
Of a finite past—it's useless trying to understand it or
Understand ourselves. And yet there's a spring awakening.

Once again our faces are reflected on that dark,
Undecipherable, non-existent window. Our love is
A reflection of a past going into an inconclusive,
Ill-sounding, incongruous present. Five exits,
Five flights from a badly lit stage, overflowing
With splinters of broken mirrors—a wreck,
Wrecking us. The dissonance of a single hand clapping
Foreshadows the unusual and, yet, predictable
Dénouement. Those "compromises for a life together"

Are not required anymore. There will be no official
Spokesmen or categorical answers. We are alone.
      "I am the captain
Of my fate I am the captain of my fate
      I am the captain of my fate."

["Laughter is possible laughter is possible laughter
    is possible."]

ACERCA DEL AUTOR

Miguel Falquez-Certain nació en Barranquilla (Colombia). Ha publicado cuentos, poemas, piezas de teatro, ensayos, traducciones y críticas literarias, teatrales y cinematográficas en Europa, Latinoamérica y los EE. UU. Su obra poética, dramática y narrativa ha sido distinguida con numerosos galardones. Licenciado en literaturas hispánica y francesa (Hunter College). Cursó estudios de doctorado en literatura comparada en New York University. Es autor de los poemarios *Reflejos de una máscara* (Nueva York: Editorial Marsolaire, 1986); *Proemas en cámara ardiente* (México, D.F.: Impresos Continentales para la Colección Brújula, 1989); *Habitación en la palabra* (Nueva York: Editorial Marsolaire, 1994); *Doble corona* (Río Piedras, Puerto Rico: *Mairena*, 1994; Nueva York: Editorial Marsolaire, 1997); *Usurpaciones y deicidios* (Nueva York: Editorial Marsolaire, 1998) y *Palimpsestos* (Nueva York: Editorial Marsolaire, 1999); de la novela corta *Bajo el adoquín, la playa* (Bucaramanga: Sic Editorial, 2004); de *Triacas* (Book Press-New York, 2010), narrativa breve; de seis obras de teatro, entre ellas *Quemar las naves*, primer premio "Nuestras voces", Repertorio Español, NY (2002); y de la novela *La fugacidad del instante* (Bogotá: Editorial Escarabajo, 2020). *Mañanayer* (compilación de sus primeros seis poemarios) fue publicado en 2010 por *Book Press-New York* y obtuvo la única mención honorífica en la categoría de "Mejor poemario en español o bilingüe" en el 2011 International Latino Book Awards. *Hipótesis del sueño. Antología personal* fue publicada por Nueva York Poetry Press en 2019 y obtuvo la única mención honorífica en la categoría de *"Best Poetry Anthology Book"* en el 2020 International Latino Book Awards. En octubre de 2019, la XIII Feria Hispana/Latina del Libro en Nueva York se celebró en su honor. Su más recientes libros son *Prometeo encadenado / Prometheus Bound* (Nueva York Poetry Press, 2022), poesía; *Este aire impuro* (Buenos Aires: Abisinia Editorial, 2023), cuentos; y *El héroe del Sur* (Barranquilla: Editorial Uninorte, 2024), cuentos. Miguel Falquez-Certain vive en Nueva York desde hace más de cuarenta años y se desempeña como traductor en cinco idiomas desde 1980.

ABOUT THE AUTHOR

Miguel Falquez-Certain was born in Barranquilla, Colombia. He has published short stories, poems, plays, essays, translations, and book, theater, and movie reviews in Europe, Latin America, and the U.S. Some of his works in different genres have garnered several awards. He has a B.A. in Spanish and French Literatures from Hunter College and studied Comparative Literature at New York University. He is the author of the following volumes of poetry: *Reflejos de una máscara* [Reflections of a Mask] (New York: Editorial Marsolaire, 1986); *Proemas en cámara ardiente* [Proems in a Death Chamber] (México, D.F.: Impresos Continentales for Colección Brújula, 1989); *Habitación en la palabra* [Dwelling on Words] (New York: Editorial Marsolaire, 1994); *Doble corona* [Double Corona] (Río Piedras, Puerto Rico: *Mairena*, 1994; New York: Editorial Marsolaire, 1997); *Usurpaciones y deicidios* [Usurpations and Deicides] (New York: Editorial Marsolaire, 1998), and *Palimpsestos* [Palimpsests] (New York: Editorial Marsolaire, 1999); of a novella *Bajo el adoquín, la playa* [Under the Cobbletone, The Beach] (Bucaramanga: Sic Editorial, 2004); of *Triacas* [Faggots] (Book Press-New York, 2010), a collection of short fiction; of six plays, especially *Quemar las naves* [Burning Bridges], First Prize in the

"Our Voices" National Playwriting Competition, Spanish Repertory Theater, NY (2002); and of the coming-of-age novel *La fugacidad del instante* [The Fleetingness of Time] (Bogotá: Editorial Escarabajo, 2020). *Mañanayer* [Yestermorrow] (Book Press-New York, 2010) won the only honorable mention in the category of "Best Poetry Book in Spanish or Bilingual" from the 2011 International Latino Book Awards. *Hipótesis del sueño. Antología personal* [Hypothesis of a Dream: A Personal Selection] (Nueva York Poetry Press, 2019) was the only honorary mention in the category of "*Best Poetry Anthology Book*" in the 2020 International Latino Book Awards. In October of 2019, the 13th Latin/Hispanic Book Fair in New York was dedicated to him. His most recent books are *Prometeo encadenado / Prometheus Bound* (Nueva York Poetry Press, 2022), poems; *Este aire impuro* (Buenos Aires: Abisinia Editorial, 2023), short stories; and *El héroe del Sur* (Barranquilla: Editorial Uninorte, 2024), short stories. Miguel Falquez-Certain has been living in New York City for more than forty years and has been working as a multilingual translator since 1980.

ÍNDICE / TABLE OF CONTENTS

Un fragor de torres desgajadas
A Roar of Tumbling Towers

Castel dell'Ovo · 19
Castel dell'Ovo · 21
Ocaso en Santa Elena · 23
Twilight on Saint Helena · 25
La selva de la noche · 27
The Jungle of the Night · 29
Idilio · 31
Romance · 33
El trupillo · 35
The Mesquite · 37
El basuriego · 39
The Drifter · 41
Fuga de cruceros · 43
Flight of Ships · 45
Götterdämmerung · 47
Götterdämmerung · 48
Entropía · 49
Entropy · 51
El radicalismo de un futuro · 53
The Radicalism of a Future · 56
En el palacio de invierno · 59

In the Winter Palace ·	61
Tu fez incógnito ·	63
Your Unknown Fez ·	64
Gregorio Samsa ·	65
Gregor Samsa ·	66
El pájaro de fuego ·	67
The Firebird ·	69
Il cavaliere in rosa ·	71
Il cavaliere in rosa ·	78
Muerde el anón ·	85
Bite the Custard Apple ·	87
Cananeos ·	89
Canaanites ·	90
Creta revisitada ·	91
Crete Revisited ·	92
Dádiva ·	93
Gift ·	94
Hermes ·	95
Hermes ·	96
Hipótesis del sueño ·	97
Hypothesis of a Dream ·	99
Geografías paralelas ·	101
Parallel Geographies ·	102
La sonrisa de Pericles ·	103
The Smile of Pericles ·	105
Píndaro en el espejo ·	107
Pindar in the Mirror ·	109
Taínos ·	111
Tainos ·	112

El forastero ·	113
The Alien ·	114
Claudicaciones ·	115
Capitulations ·	117
Interior holandés ·	119
Dutch Interior ·	120
Los campos de Marte ·	121
Field of Mars ·	122
Óptica infinita ·	123
Infinite Viewpoint ·	125
A la sombra del volcán ·	127
In the Shadow of the Volcano ·	129
Las peregrinaciones ·	131
Pilgrimage ·	133
La noche de los cuchillos largos ·	135
Night of the Long Knives ·	137
Casida del amor satisfecho ·	139
Qasida of Requited Love ·	141
Weather Underground ·	143
Weather Underground ·	145
Existenz ·	147
Existenz ·	149
La estrategia de la araña ·	151
The Spider's Stratagem ·	152
El nombre de las cosas ·	153
The Name on Things ·	155
Ninnananna ·	157
Ninnananna ·	159

Five Stone Wind · 161
Five Stone Wind · 166
Acerca del autor · 173
About the Author · 175

WILD MUSEUM

MUSEO SALVAJE

Latin American Poetry Collection
Homage to Olga Orozco (Argentina)

1
La imperfección del deseo
Adrián Cadavid

2
La sal de la locura / Le Sel de la folie
Fredy Yezzed

3
El idioma de los parques / The Language of the Parks
Marisa Russo

4
Los días de Ellwood
Manuel Adrián López

5
Los dictados del mar
William Velásquez Vásquez

6
Paisaje nihilista
Susan Campos Fonseca

7
La doncella sin manos
Magdalena Camargo Lemieszek

8
Disidencia
Katherine Medina Rondón

9
Danza de cuatro brazos
Silvia Siller

10
Carta de las mujeres de este país /
Letter from the Women of this Country
Fredy Yezzed

11
El año de la necesidad
Juan Carlos Olivas

12
El país de las palabras rotas / The Land of Broken Words
Juan Esteban Londoño

13
Versos vagabundos
Milton Fernández

14
Cerrar una ciudad
Santiago Grijalva

15
El rumor de las cosas
Linda Morales Caballero

16
La canción que me salva / The Song that Saves Me
Sergio Geese

17
El nombre del alba
Juan Suárez

18
Tarde en Manhattan
Karla Coreas

19
Un cuerpo negro / A Black Body
Lubi Prates

20
Sin lengua y otras imposibilidades dramáticas
Ely Rosa Zamora

21
El diario inédito del filósofo vienés Ludwig Wittgenstein /
Le Journal Inédit Du Philosophe Viennois Ludwig Wittgenstein
Fredy Yezzed

22
El rastro de la grulla / The Crane's Trail
Monthia Sancho

23
Un árbol cruza la ciudad / A Tree Crossing The City
Miguel Ángel Zapata

24
Las semillas del Muntú
Ashanti Dinah

25
Paracaidistas de Checoslovaquia
Eduardo Bechara Navratilova

26
Este permanecer en la tierra
Angélica Hoyos Guzmán

27
Tocadiscos
William Velásquez

28
De cómo las aves pronuncian su dalia frente al cardo /
How the Birds Pronounce Their Dahlia Facing the Thistle
Francisco Trejo

29
El escondite de los plagios / The Hideaway of Plagiarism
Luis Alberto Ambroggio

30
Quiero morir en la belleza de un lirio /
I Want to Die of the Beauty of a Lily
Francisco de Asís Fernández

31
La muerte tiene los días contados
Mario Meléndez

32
Sueño del insomnio / Dream of Insomnia
Isaac Goldemberg

33
La tempestad / The tempest
Francisco de Asís Fernández

34
Fiebre
Amarú Vanegas

35
63 poemas de amor a mi Simonetta Vespucci /
63 Love Poems to My Simonetta Vespucci
Francisco de Asís Fernández

36
Es polvo, es sombra, es nada
Mía Gallegos

37
Luminiscencia
Sebastián Miranda Brenes

38
Un animal el viento
William Velásquez

39
Historias del cielo / Heaven Stories
María Rosa Lojo

40
Pájaro mudo
Gustavo Arroyo

41
Conversación con Dylan Thomas
Waldo Leyva

42
Ciudad Gótica
Sean Salas

43
Salvo la sombra
Sofía Castillón

44
Prometeo encadenado
Prometheus Bound
Miguel Falquez Certain

45
Fosario
Carlos Villalobos

46
Theresia
Odeth Osorio Orduña

47
El cielo de la granja de sueños
Heaven's Garden of Dreams
Francisco de Asís Fernández

48
hombre de américa / man of the americas
Gustavo Gac-Artigas

49
Reino de palabras / Kingdom of Words
Gloria Gabuardi

50
Almas que buscan cuerpo
María Palitachi

51
Argolis
Roger Santivañez

52
Como la muerte de una vela
Hector Geager

53
El canto de los pájaros / Birdsong
Francisco de Asís Fernández

54
El jardinero efímero
Pedro López Adorno

55
The Fish o la otra Oda para la Urna Griega
Essaú Landa

56
Palabrero
Jesús Botaro

57
Murmullos del observador
Hector Geager

58
El nuevo gusano saltarín
Isaac Goldemberg

59
Tazón de polvo
Alfredo Trejos

60
Si miento sobre el abismo
If I Lie About the Abyss
Mónica Zepeda

61
Después de la lluvia
After the Rain
Yrene Santos

62
De plomo y pólvora. Poesía de una mente bipolar
Of Lead and Gunpowder. Poetry of a Bipolar Mind
Jacqueline Loweree

*

New Era:
Wild Museum Collection & Arts

63
Espiga entre los dientes
Carlos Calero
Cover Artist: Philipp Anaskin

64
El Rey de la Muerte
Hector Geager
Cover Artist: Jhon Gray

65
Cielos que perduren
José Miguel Rodríguez Zamora
Cover Artist: Osvaldo Sequeira

66
Por el mar, con los monstruos de Ovidio a otra parte
Francisco Trejo
Cover Artist: Jaime Vásquez

67
Los vínculos salvajes
Juan Carlos Olivas
Cover Artist: Jaime Vásquez

68
Commemorative Edition:
VII Anniversary of Nueva York Poetry Press

Una conversación pendiente
Unfinished Conversation
Juana Ramos

*

69
La quinta esquina del cuadrilátero
Paola Valverde Alier
Cover Artist: María Kings

70
El evangelio del dragón
Luis Rodríguez Romero
Cover Artist: Osvaldo Sequeira

71
Un fragor de torres desgajadas
A Roar of Tumbling Towers
Miguel Falquez Certain
Cover Artist: Giovan Battista Moroni

STONE OF MADNESS COLLECTION
COLECCIÓN PIEDRA DE LA LOCURA
Personal Anthologies
(Homage to Alejandra Pizarnik)

1
Colección Particular
Juan Carlos Olivas (Costa Rica)

2
Kafka en la aldea de la hipnosis
Javier Alvarado (Panamá)

3
Memoria incendiada
Homero Carvalho Oliva (Bolivia)

4
Ritual de la memoria
Waldo Leyva (Cuba)

5
Poemas del reencuentro
Julieta Dobles (Costa Rica)

6
El fuego azul de los inviernos
Xavier Oquendo Troncoso (Ecuador)

7
Hipótesis del sueño
Miguel Falquez Certain (Colombia)

8
Una brisa, una vez
Ricardo Yáñez (México)

9
Sumario de los ciegos
Francisco Trejo (México)

10
A cada bosque sus hojas al viento
Hugo Mujica (Argentina)

11
Espuma rota
María Palitachi a.k.a.Farazdel (Dominican Rep.)

12
Poemas selectos / Selected Poems
Óscar Hahn (Chile)

13
Los caballos del miedo / The Horses of Fear
Enrique Solinas (Argentina)

14
Del susurro al rugido
Manuel Adrián López (Cuba)

15
Los muslos sobre la grama
Miguel Ángel Zapata (Perú)

16
El árbol es un pueblo con alas
Omar Ortiz (Colombia)

17
Demasiado cristal para esta piedra
Rafael Soler (España)

18
Sobre la tierra
Carmen Nozal (España/México)

19
Trofeos de caza
Alfredo Pérez Alencart (Perú/España)

20
Fax Teatro Te Quiero
Telmo Herrera (Ecuador/Francia)

21
Ceguera, allí estarás
Jeannette L. Clariond (México)

22
El sitio donde muere mi lágrima
Luissiana Naranjo (Costa Rica)

23
En la línea del tiempo
Héctor Berenguer (Argentina)

24
El instante y la eternidad
Leticia Luna (México)

25
El salto de Penélope y algunos sobresaltos
María Elena Blanco (Cuba)

26
Por ínsulas extrañas
Andrés Morales (Chile)

POETRY
COLLECTIONS

ADJOINING WALL
PARED CONTIGUA
Spaniard Poetry
Homage to María Victoria Atencia (Spain)

BARRACKS
CUARTEL
Poetry Awards
Homage to Clemencia Tariffa (Colombia)

CROSSING WATERS
CRUZANDO EL AGUA
Poetry in Translation (English to Spanish)
Homage to Sylvia Plath (United States)

DREAM EVE
VÍSPERA DEL SUEÑO
Hispanic American Poetry in USA
Homage to Aida Cartagena Portalatín (Dominican Republic)

FIRE'S JOURNEY
TRÁNSITO DE FUEGO
Central American and Mexican Poetry
Homage to Eunice Odio (Costa Rica)

INTO MY GARDEN
English Poetry
Homage to Emily Dickinson (United States)

I Survive
Sobrevivo
Social Poetry
Homage to Claribel Alegría (Nicaragua)

Lips on Fire
Labios en Llamas
Opera Prima
Homage to Lydia Dávila (Ecuador)

Live Fire
Vivo Fuego
Essential Ibero American Poetry
Homage to Concha Urquiza (Mexico)

Feverish Memory
Memoria de la Fiebre
Feminist Poetry
Homage to Carilda Oliver Labra (Cuba)

Reverse Kingdom
Reino del Revés
Children's Poetry
Homage to María Elena Walsh (Argentina)

Stone of Madness
Piedra de la Locura
Personal Anthologies
Homage to Julia de Burgos (Argentina)

Twenty Furrows
Veinte Surcos
Collective Works
Homage to Julia de Burgos (Puerto Rico)

VOICES PROJECT
PROYECTO VOCES
María Farazdel (Palitachi) (Dominican Republic)

WILD MUSEUM
MUSEO SALVAJE
Latin American Poetry
Homage to Olga Orozco (Argentina)

OTHER
COLLECTIONS

Fiction
INCENDIARY
INCENDIARIO
Homage to Beatriz Guido (Argentina)

Children's Fiction
KNITTING THE ROUND
TEJER LA RONDA
Homage to Gabriela Mistral (Chile)

Drama
MOVING
MUDANZA
Homage to Elena Garro (Mexico)

Essay
SOUTH
SUR
Homage to Victoria Ocampo (Argentina)

Non-Fiction/Other Discourses
BREAK-UP
DESARTICULACIONES
Homage to Sylvia Molloy (Argentina)

For those who like Olga Orozco believe that "a word on the back of the world allows the enemy to advance," and who like her recognize that "half of desire is barely that, half of love is only a measure," this book was published in Manhattan on September 2025, as part of the Wild Museum Collection by *Nueva York Poetry Press*, in homage to her voice.

www.ingramcontent.com/pod-product-compliance
Lightning Source LLC
Chambersburg PA
CBHW020052170426
43199CB00009B/255